读览日本

日语泛读精粹（一）

（第2版）

普通高等教育『十三五』外语类重点规划教材

张继彤 编著

清华大学出版社
北京

内容简介

本套书是为高等学校日语本科或专科泛读课编写的教材,共两册。本册为第一册,可供本科二年级第一、二学期使用,同时也适合社会各类日语学习班的学员和具有一定日语基础的社会各界人士使用。特别是对准备参加日语能力考试的考生来说,本书是一本很有价值的参考书。

全书共 20 课,每课设有课文、单词详解、语法及表现形式解析、课后练习题及日本旅游导览等五个版块,并在书后附有每课课文的参考译文及课后练习题答案。同时特别提供了一套相当于日语能力考试 2、3 级水平的读解试题。本书附带每课课文的朗读音频,既可以帮助读者提高口语能力,又可以锻炼读者的听力。

本书由重点高校的知名日语教师精心编写。通过对本书的学习,可提高学生的阅读能力和对问题的理解、分析能力,也可全方位了解日本的社会、文化、地理、风俗人情等方面。

本书封面贴有清华大学出版社防伪标签,无标签者不得销售。
版权所有,侵权必究。举报:010-62782989,beiqinquan@tup.tsinghua.edu.cn。

图书在版编目(CIP)数据

读览日本:日语泛读精粹(一)/张继彤编著.
—2 版.—北京:清华大学出版社,2017(2024.9 重印)
普通高等教育"十三五"外语类重点规划教材
ISBN 978-7-302-46248-4

Ⅰ. ①读… Ⅱ. ①张… Ⅲ. ①日本-高等学校-教材 ②日本-概况 Ⅳ. ①H369.4;K

中国版本图书馆 CIP 数据核字(2017)第 021188 号

责任编辑:陈立静
封面设计:杨玉兰
责任校对:张文青
责任印制:刘海龙

出版发行:清华大学出版社
网　　址:https://www.tup.com.cn,https://www.wqxuetang.com
地　　址:北京清华大学学研大厦 A 座　　邮　编:100084
社 总 机:010-83470000　　邮　购:010-62786544
投稿与读者服务:010-62776969,c-service@tup.tsinghua.edu.cn
质 量 反 馈:010-62772015,zhiliang@tup.tsinghua.edu.cn
课 件 下 载:https://www.tup.com.cn,010-62791865

印　刷　者:三河市东方印刷有限公司
经　　销:全国新华书店
开　　本:145mm×210mm　　印张:7.5　　字数:300 千字
版　　次:2015 年 3 月第 1 版　　2017 年 4 月第 2 版
印　　次:2024 年 9 月第 7 次印刷
定　　价:39.00 元

产品编号:072383-01

本书编委组

编　著：

张继彤　上海理工大学外语学院教授

审　订：

卢　涛　日本广岛大学教授
朴正龙　东北电力大学外语学院副院长

编　委：

福井祐介　金　晶　罗齐慧　李慧卿　李　巍
朴正龙　庄　燕　张　培

再版前言

　　本教材在内容编排上注重了知识性、实用性、趣味性、多样性的结合。正文部分所精选的文章贴近日本的社会和生活，很好地反映了日本的风土人情；单词和语法部分的解析简明扼要、重点突出，旨在帮助学生学好语言的基础知识；而课后练习部分则以提高学生的阅读能力为目的，着眼于对问题的理解、分析能力及语言的综合运用能力；穿插于每课之间的旅游导览引领读者"卧游"日本，领略东瀛风光。

　　本教材自 2015 年出版以来，受到广大高校师生的欢迎。在此向使用本教材的读者及给予我们关心和帮助的同仁、专家学者致以衷心的感谢！为了提供更为细致的阅读服务，我们对本教材进行了升级再版。再版后的教材具有以下三个特点：第一、本着对读者负责的精神，我们对初版进行了进一步细校，力求减少瑕疵；第二、删除了部分汉字的假名注音，目的在于激励学生去自主学习与查询；第三、课文朗读音频和旅游导览部分的文字均可在清华大学出版社官网上下载到。为了便于读者学习与交流，我们特别建立了微信公众号，读者扫码（二维码见封底或本页右下方）关注即可在移动端阅读正文并收听课文朗读音频。

　　另需向读者说明的是，由于排版软件的关系，本教材日语汉字中的绞丝旁无法正确显示。例如"組"只能显示为"组"，读者请以"组"为标准写法。给您带来的不便，敬请谅解。

　　阅读过程中如遇任何问题，欢迎反馈至 dulanriben@126.com。

张继彤

本を読むということ

前　言

　　本套书是为高等学校日语本科或专科泛读课编写的教材，共两册。本册为第一册，可供本科二年级第一、二学期使用，同时也适合社会各类日语学习班的学员和具有一定日语基础的社会各界人士使用。特别是对准备参加日语能力考试的考生来说，本书是一本很有价值的参考书。通过对本书的学习，可提高学生的阅读能力和对问题的理解、分析能力，也可全方位了解日本的社会、文化、地理、风俗人情等方面。

　　本书课文均出自日本报刊、杂志和小说，收录的文章基本是国内其他教材所未收录过的。文章的长度以600字左右为起点，逐渐增加到1200字左右。每课练习部分给出一篇读解文章，供学生自主学习。

　　本书在内容上注重了知识性、实用性、趣味性及多样性的结合。每课内容包括"本文""単語""文型と表現""練習""日本の道のガイド"等五部分。

　　"本文"题材广泛，信息量适度，贴近日本生活。

　　"単語"按单词出现的先后顺序排列，注有假名、日语汉字、声调、词性和常用汉语译词等。

　　"文型と表現"突出重点，简明扼要。

　　"練習"以提高学生的阅读能力为目的，着眼于对问题的理解、分析等基本功的训练，使学习者能够顺利通过日语能力考试。

　　"日本の道のガイド"从南到北介绍了日本都道府县的地理位置、

气候以及名胜古迹,以达到"卧游"日本美丽风光的效果。

本册共安排了20课,书后附有练习答案和参考译文,并提供了一套相当于日语能力考试2、3级水平的读解试题。

本册第1课～第6课的"単語""文型と表現"及参考译文由庄燕负责;第7课～第11课的"単語""文型と表現"及参考译文由罗齐慧负责;第12课～第15课的"単語""文型と表現"及参考译文由李慧卿负责;第16课、第17课的"単語""文型と表現"及参考译文由朴正龙负责;第18课、第19课、第20课的"単語""文型と表現"及参考译文分别由张培、金晶、李巍负责。

本书收录的文章涉及的作者众多,我们难以和每位作者一一联系,在此深表歉意。另外,对本书出版给予大力支持的清华大学出版社和在收录资料、校对等工作上给予帮助的日本广岛大学同学表示衷心感谢。最后,希望本教材能得到老师和同学们的喜爱,并希望大家不吝指正。

张继彤

目　次

- 第1課　異国の友人たちに …………………………………… 3
- 第2課　ことばの自由をもとめて …………………………… 11
- 第3課　なぜ大人になんかなりたくないの? ………………… 19
- 第4課　風の音 ………………………………………………… 27
- 第5課　まんだら人生論 ……………………………………… 35
- 第6課　フロンガスが地球を破壊する ……………………… 43
- 第7課　老いの正体 …………………………………………… 51
- 第8課　子どもと一緒に群れて遊んで ……………………… 59
- 第9課　色の秘密 ……………………………………………… 69
- 第10課　学問の冒険 ………………………………………… 77
- 第11課　献血 ………………………………………………… 85
- 第12課　幸運グッズは当たる? ……………………………… 93
- 第13課　日本語　表と裏 …………………………………… 101
- 第14課　ものづくりのヒント ……………………………… 109
- 第15課　20代で読むヒト学ココロ学 ……………………… 117
- 第16課　ほんとうのあいさつ ……………………………… 125
- 第17課　本を読むということ ……………………………… 133
- 第18課　ボランティア　もう一つの情報社会 …………… 141
- 第19課　しぐさの日本文化 ………………………………… 149
- 第20課　かけがえのないもの ……………………………… 159

合格への道 …………………………………… 167
参考訳文と解答 ……………………………… 179
単語リスト …………………………………… 204
文型リスト …………………………………… 228

日本の道のガイド

○ **京都府**

舍利殿（金閣）京都府京都市北区金閣寺町

---

[1] "日本の道のガイド"这一版块设置在每课的最后，本章为特别附加。

　京都府は、近畿地方北部にあり、北は日本海に面しています。府庁所在地である京都市は、794年から1868年まで、日本の首都だったところです。千年の古都京都には現在も全国で高い地位を占める伝統産業が繁栄しています。渡来人秦氏(はたし)によって始められ約1300年の歴史をもつ西陣織(にしじんおり)は、現在も西陣の地で3000軒の業者によって分業生産が行われています。そのほか千余年の歴史をもつ京人形(きょうにんぎょう)、清水焼(きよみずやき)、京扇子(きょうせんす)、京仏具(きょうぶつぐ)、漆器(しっき)と象嵌(ぞうがん)、酒造(しゅぞう)などの伝統産業がいまもなお盛んです。京都市内は、寺社が多いのが特色で、その数は寺が約1600、神社は約400といわれます。鹿苑寺(ろくおん)境内、鏡湖池(きょうこち)の畔に南面して建つ金閣は木造3階建ての楼閣建築です。屋根は宝形造(たからかたちづくり)、柿葺(こけらふ)きで、屋頂に銅製鳳凰(どうせいほうおう)を置いています。3階建てですが、初層と二層の間には屋根の出を作らないため、形式的には「二重三階」となります。京都は今も多くの文化財が残り、日本らしい伝統的な風景で多くの人々を引きつけています。

第1課　異国の友人たちに

　私は随分ながい間、サンタクロースの存在を信じていた。当時、私の家庭はクリスチャンではなかったが、他の多くの日本人家庭と同じように私もクリスマスの朝、サンタクロースからというプレゼントをもらったからである。

　五歳の時、夜の食事のあと兄と遊んでいると、突然、部屋のなかにサンタクロースが父母とあらわれた。兄と私は驚き、壁に体をくっつけて彼の一挙一動をみていた。

　白い大きな袋から彼は幾つかのプレゼントをとり出し兄と私とに与えた。そして「よい子でいれば来年もまた来る」と言って部屋から出ていった。

　その夜の私のうけた衝撃は忘れがたいものだった。二つ年上の兄は「あの声は叔父さんの声のようだった」と言ったが私は信じなかった。母にたずねると「本当にサンタクロースなのよ」と首をふったからである。

　そのサンタクロースへの信頼が心から消えたのはいつだったか知らない。しかしそれと共に私の心からも大事な何かが消滅したような気がする。私は少年になったのだが、少年とは幼年とちがって大人の世界をかい間みてしまうからだ。

　あれから六十年以上の歳月が流れた。今日老いた私は幼い孫のため

にクリスマスのプレゼントを買いにいった。幼い孫たちはまだサンタクロースを信じているからだ。

遠藤周作「異国の友人たちに」

単語

随分（ずいぶん）①	〔副・形动〕	相当，十分。够呛。不像话。
サンタクロース ⑤	〔名〕	圣诞老人。
クリスチャン ②	〔名〕	基督教。基督徒。
くっつける ④	〔下一他〕	使靠近，使挨上。
一挙一動（いっきょいちどう）⓪〔名〕		一举一动。
与える（あたえる）⓪	〔下一他〕	给与，给予。
衝撃（しょうげき）⓪	〔名〕	冲撞，冲击。冲动。震惊。
尋ねる（たずねる）③	〔下一他〕	寻找。询问。
首（くび）⓪	〔名〕	头，脑袋，头部。
振る（ふる）⓪	〔五他〕	挥，摇，摆。
消滅（しょうめつ）⓪	〔名〕	消失。
幼年（ようねん）⓪	〔名〕	幼年，童年。
歳月（さいげつ）①	〔名〕	岁月。
垣間見る（かいまみる）④〔上一他〕		窥视。
老いる（おいる）①②	〔上一他〕	年老，上年纪，衰老。
幼い（おさない）③	〔名〕	幼小，幼稚，不够成熟。

文型と表現

1. ～間

(1) 接在「名詞＋の」、用言连体形后，表示物与物之间的间隔和某个时间段。意为"……间；……间隔；……时间"。

○ 地中海はヨーロッパとアフリカの間にある海です。
　　　○ 2時と3時の間に来てください。
(2) 表示某期间之内、动作和状态的持续及人与人之间的关系。意为
　　　"……期间；……时候；……关系"。
　　　○ 上海はこの10年の間に大きく変わりました。
　　　○ 親子の間がうまくいきません。

2. ～ようだ
此为比况助动词，接续形式与名词相同。
(1) 表示和其他事物相似。
　　　○ 今日は真夏のような暑さです。
(2) 举例。
　　　○ 隣のおばさんのような働き者は少ないです。
(3) 不确定、委婉的判断。
　　　○ この機械はどこも故障していないようです。
(4) 动作、作用的目的及目标。
　　　○ 分かりやすくなるように並べかえましょう。
(5) 委婉地表示命令及希望。
　　　○ 開始時刻に遅れないように。
　　　○ 今後ともよろしくご指導くださいますように。
(6) 状态的变化，现在的状态。
　　　○ やっと泳げるようになりました。
　　　○ 日本語で話せるようになりました。

3. ～がたい
此为结尾词，接在动词连用形后，表示"难以……"。相对比较偏重于说话人的自我感觉。较常见的搭配有「忘れがたい」「ありがたい」「理解しがたい」「得がたい」等。
　　　○ あんなに元気だった山田さんが亡くなったとは信じがたいこと

です。
- 〇 大学時代の友達と会うと、いつも別れがたくて、帰りが遅くなってしまいます。
- 〇 近ごろの若者のファッションは、大人たちには考えがたいです。
- 〇 今度の体験は忘れがたいものです。

4. ～と共に

接在体言或用言终止形后，表示两项内容共同发生或互相伴随。翻译为"……的同时；和……一起"，还可以翻译为"……伴随的变化"。

- 〇 卒業して学校を出るのは嬉しいとともに寂しいです。
- 〇 彼女は恋人とともに、ボストンに行くことになりました。
- 〇 心の傷も時が経つと共に、やがて薄らいでいくものです。
- 〇 交通手段や情報手段が発達すると共に、世界はますます狭くなっていきます。

5. ～気がする

接续形式与名词相同，表示"有这种感觉"。可以使用「ような気がする」，使语气变得更加委婉。

- 〇 マッサージをしてもらって、体が軽くなったような気がします。
- 〇 よくわかりませんが、これは毛ではなくて、木綿のような気がします。
- 〇 小学校の友だちに久しぶりに会いました。子供のときにもどったような気がしました。

練習Ⅰ 本文の内容に沿って、次の質問に答えなさい。1、2、3、4から最も適当なものを一つ選びなさい。

問題1.「私のうけた衝撃」とは、どんなことですか。
1. サンタクロースが本当に存在していたということ。
2. 兄が、サンタクロースではなく叔父さんだったと言ったこと。
3. よい子でいなければ、来年はサンタクロースが来ないということ。
4. 父親がサンタクロースではなかったこと。

問題2.「母にたずねると」とありますが、筆者は何とたずねたのですか。
1. 叔父さんはどこなの？
2. サンタクロースじゃなかったの？
3. 本当にサンタクロースはいる？
4. だれだった？

問題3.「私の心からも大事な何かが消滅したような気がする」とありますが、筆者はどのような気持ちだと考えられますか。
1. 父母に対する信頼を失った腹立たしい気持ち。
2. 孫の成長を残念に思う気持ち。
3. 子供の頃の純粋さを失ったことを苦しむ気持ち。
4. 子供の頃の純粋さを失ったことをさびしく思う気持ち。

練習Ⅱ 次の文章を読んで、質問に答えなさい。

　先週、ゆうめいな和菓子のお店に行きました。そこで和菓子の教室が開かれました。お店の人に和菓子の材料や作り方を教えていただいたり、和菓子の歴史を聞いたりしました。もちろん和菓子も食べまし

た、あまくてとてもおいしかったです。

　和菓子にはいろいろな花のかたちがあってとてもきれいでした。お店の人の話によると、和菓子は季節にあわせて作るので、その季節の花のかたちが多いのだそうです。たとえば春には梅や桜の花の形の和菓子をつくるそうです。和菓子は日本の茶道、お茶と一緒に発展してきたのだそうです。

問題1. 何をしに和菓子のお店へいきましたか。
　1. ゆうめいな店の和菓子を買いに行った。
　2. 梅や桜などの季節の花を見に行った。
　3. 和菓子の教室を開きに行った。
　4. 和菓子のことを教えてもらいに行った。

問題2. 正しいのはどれですか。
　1. 和菓子は花のかたちのものだけである。
　2. 和菓子は花のかたちのものだけではない。
　3. 春の和菓子は梅や桜のかたちしかない。
　4. 花のかたちの和菓子はとてもめずらしい。

日本の道のガイド

沖縄県

首里城は那覇市にある

　沖縄県は日本の南西部、かつ最西端に位置する県です。年間平均気温は約22℃ですが、最高気温が35℃を超える猛暑になることはほとんどありません。陸地面積が狭く、あまりを海に囲まれていて、毎年多くの台風が接近して、台風銀座と呼ばれております。沖縄県は観光産業が盛んです。また国内有数の長寿地域としても知られます。

　沖縄の歴史、文化のシンボルといえるのが、那覇(なは)市にある首里城(しゅりじょう)です。首里城の正殿は国王が政治を行った場所で、前の庭ではさまざまな儀式が行われました。朱塗りや竜のかざりは中国的ですが、建築様式は日本と似ています。

　沖縄は、美しい海と豊かな自然に恵まれ、人も陽気で明るいです。太陽の高さによって表情を変える海の色と、どこまでも続く真っ白な砂浜は沖縄の最大の魅力です。夏には多くの観光客が訪れる人気のリゾート地です。

第2課　ことばの自由をもとめて----

　ほどよく空いた電車の中で、暖かい日差しを浴びながら、五、六歳の男の子が、しきりに隣りに座った母親に話しかけている。「アツギってかあさん、みんな厚着してるからだよね」。母親は当惑気味にほほえんでいるわけだ。空いているので、男の子の声は車内のすみずみにまで聞こえてしまう。それにしてもこの子は変わった単語を知っているものだ。もしかして家には年寄りもいて、厚着がいいとか悪いとかよく話題になるのだろう、などと思う。

　電車が次の駅に着くと、こんどは「エビナって母さん、エビがたくさんとれるんだよね」。母親の返事がないものだから、「エビないかな? エビがナイからエビナなのかな」。こんな小田急線の地名解釈につり込まれているうちに、私はもう降りなければならなかった。この子は何と頭のいい子なんだろうと思いながら。いや、頭のいいのはこの子にかぎらない。この年頃のこどもたちは、おとなが永遠に失ってしまった、ことばの獲得にとっての、あの黄金時代のさなかにいるのだ。ことばはまだ響きの中に生きていて、子どもはその響きと対決し、自分なりに解釈し、秩序づけようとして、必死でもがいているのだ。そんなとき、おとなは決して、文字や書物のさかしらな知識をふりかざして、こどもの実験をあざ笑ってはならない。おとなの知識は、自らの経験をこえた他力によるものだが、こどもの解釈は、ひた

すら自力で挑んだ作品である。

田中克彦「ことばの自由を求めて」

単語

日差し（ひざし）⓪	〔名〕	阳光照射。照射的阳光。
浴びる（あびる）⓪	〔下一他〕	淋。浴。照，晒。受。
頻りに（しきりに）⓪	〔副〕	屡次。再三。不断地。
話しかける（はなしかける）⑤	〔下一他〕	搭话。攀谈。开始说。
アツギ⓪	〔名〕	厚木（车站名）。
厚着（あつぎ）⓪	〔名・サ自〕	多穿，穿得厚。
当惑（とうわく）⓪	〔名・サ自〕	为难。困惑。感觉棘手。
微笑む（ほほえむ）③	〔五他〕	微笑。初放，初绽，乍开。
隅隅（すみずみ）②	〔名〕	各个角落。各方面。
年寄り（としより）④③	〔名〕	老人，老头儿，上年纪的人。
返事（へんじ）⓪	〔名〕	答应。回话。回信。
解釈（かいしゃく）①	〔名・サ他〕	解释。理解。说明。
釣り込む（つりこむ）③	〔五他〕	拉进。引进。吸引。
獲得（かくとく）⓪	〔名・サ他〕	获得。取得。争取。
黄金（おうごん）⓪	〔名〕	黄金。金钱。
最中（さなか）①	〔名〕	正当中。最高潮。
響き（ひびき）③	〔名〕	响声。回声，回音。听到时的感觉。反应。
対決（たいけつ）⓪	〔名・サ自〕	对决。争锋相对。
秩序（ちつじょ）①②	〔名〕	秩序。条理。次序。
必死（ひっし）⓪	〔名・形動〕	必死。拼命。（将棋）将死。
踠く（もがく）②	〔五自〕	挣扎。翻滚。
賢しら（さかしら）⓪	〔名・形動〕	自作聪明。

書物（しょもつ）①	〔名〕	书，书籍，图书。
振り翳す（ふりかざす）⓪	〔五他〕	标榜。宣传。
嘲笑う（あざわらう）⓪	〔五他〕	冷笑。嘲笑。
自ら（みずから）①	〔代・名・副〕	自己。亲自，亲身，亲手。
ひたすら⓪	〔副〕	只顾，只管。一心。衷心。
挑む（いどむ）②	〔五他〕	找碴，挑衅。对抗。竞争。挑逗。

1. ～わけだ

接在用言连体形之后，表示某事项的成立理所当然，是某种原因导致的自然而然的结果。意为"当然……；自然……"。使句子含有"是这么一种情况、这么一种道理"的语气，可不必翻译出来。

○ 暑いわけだ。夏なのに暖房が入っています。

○ 1ドル80円なら、50ドルで4千円になるわけです。

2. ～ものだ

(1) 接在用言连体形之后，表示按道理来说理所当然或应该做的事。意为"要……；应该……"。

○ お金を大切にするものだ。無駄遣いをするもんじゃありません。

○ 先生にそんな言葉を使うものではありません。

(2) 接在用言过去式之后，表示对过去发生的事的回忆。意为"常常……；总是……"。

○ 昔はよく叱られたものです。

○ 学生の頃はお金がなかったものです。

(3) 接在用言连体形之后，表示对某事物发出惊讶或感叹。意为"真……呀"。

○ この写真は私にとって、何よりも大切なものです。

○ 月日の経つのは早いものです。

3. ～ものだから

接在用言连体形之后，表示申述个人原因及理由。意为"因为……；由于……"。

○ 急に寒くなったものだから、風邪を引いてしまいました。

○ 一人っ子なものだから、わがままに育ててしまいました。

4. ～うちに

接续法与名词相同。「うち」前面是表示状态或时间的词，表示在某一期间内，后面是在这一期间内发生的情况。意为"期间，时候，时期"。

○ 花がきれいなうちに、花見に行きたいです。

○ 日本にいるうちに、一度京都を訪ねたいと思っています。

○ 日本人と付き合っていたら、知らず知らずうちに、日本語が上手になっていました。

5. ～なければならない

接在动词未然形后，表示"当然、必要、义务、责任"。意为"必须……；不……不行"。

○ 若いうちにしっかり勉強しなければなりません。

○ 今度の会議に出なくてはならないです。

6. ～う（よう）とする

接在动词未然形后。

(1) 表示希望做某事。意为"想……；希望……"。

○ 彼は子供を医者にしようとしています。

○ その男が現れたのは、店の片付けも終わり、私が帰り支度をしようとしていたところでした。

(2) 表示做某事之前。意为"正要……"。

○ ドアが閉まろうとしたとき、一人の乗客がホームに飛び出しました。
○ 僕が出かけようとしたら、電話がかかってきました。

7. ～てはならない

接在动词连用形后，表示禁止做某事。意为"不要……；不可……"。

○ 人に騙されることがあっても、人を騙すようなことはあってはなりません。
○ ここから先へは入ってはなりません。

練習I 本文の内容に沿って、次の質問に答えなさい。1、2、3、4から最も適当なものを一つ選びなさい。

問題1.「五、六歳の男の子が、しきりに隣りに座った母親に話しかけている」とありますが、男の子は何を言っていたのですか。
 1. 家にいる祖父母の話。
 2. 覚えたばかりのことば。
 3. 駅名の意味の解釈。
 4. おもいついたこと。

問題2.「私はもう降りなければならなかった」というときの筆者の気持ちはどんなものでしたか。
 1. もっと男の子の話が聞きたいという残念な気持ち。
 2. うるさい車内から逃げられるという気持ち。
 3. 母親がこどもに注意するべきだという気持ち。
 4. 男の子の話の意味が理解できないという気持ち。

問題3. この文章で筆者の言いたいことは何ですか。
 1. 母親はこどもが興味深いことを言ったとき、何も言わないほうがよい。

2. こどもがあやまった解釈をしているときは、厳しく注意する必要がある。
3. おとなになると忘れてしまうため、子どものうちに言葉遊びをする。
4. こどもの自由な発想をおとなのよけいな知識でさまたげてはならない。

練習Ⅱ 次の文章を読んで、質問に答えなさい。

　人間は考える生き物と言われているが、考える生き物は人間だけではないと思う。我が家の犬のポチも小さい頭でいっしょうけんめい考えているようだ。
　ある日、私と妻がけんかをした。けんかの原因はあまりたいしたことではなかったが、意見を言い合っているうちにけんかになってしまったのだ。そのとき、ポチが私たちの間に入って、なんと、私たちの顔をなめ始めたのだ。そして、私たちはいつの間にか仲なおりしていた。犬の習性かもしれないが、ポチは私たちを仲良くさせようと、いっしょうけんめい考えたのだと思う。

問題1.「私たち」とはだれのことですか。
　1. 私と妻と犬のポチ。
　2. 私と妻。
　3. 私と犬のポチ。
　4. 妻と犬のポチ。

問題2. 文の内容と合うのはどれですか。
　1. 考える生き物は人間だけだと思う。
　2. けんかの原因は犬のポチだ。
　3. 人間の顔をなめるのは犬の習性だ。
　4. 犬も考える生き物だと思う。

日本の道のガイド‥‥‥‥‥‥‥‥‥‥‥‥‥‥‥

鹿児島県

桜島は鹿児島市にある

鹿児島県は九州南端の県です。大隈半島から南に向って種子島、硫黄島、奄美大島、徳之島、沖永良部島、与論島などの島がつらなっており、県の南北の距離は約600キロにも及びます。南の島には亜熱帯の自然が広がっています。霧島屋久国立公園の観光の拠点鹿児島市は「東洋のナポリ」といわれ、城山からの鹿児島湾と桜島の眺望は雄大です。霧島山は天孫降臨伝説のある高千穂峰などの火山風景と霧島温泉郷、指宿温泉は海岸の砂むし風呂と開聞岳の眺望で知られます。杉の原始林におおわれた屋久島や、奄美群島国定公園の中心の大島、与論島の亜熱帯的な風景と海岸美も人気を集めています。

第3課　なぜ大人になんか なりたくないの?

　大人になんかなりたくない。そう考えている小学生がいるそうだ。こどもというものは、早く大人になりたがっていると思っていたわたしは、大人になりたくないと考えている小学生があんがい多いときかされて、ちょっとショックであった。
　でも、小学生の気持ちはわからないでもない。
　わたしが子どものころの大人たちは、みんな楽しく働いていた。もちろん、当時の大人にも、嫌なこと、憂さもあったはずだが、仕事そのものは嫌悪していなかったと思う。それに大人たちは、子どもたちが生活しているすぐ横で働いていた。仕事の場と生活の場が現在ほど分離していなかった。
　現在は働く大人の姿が子どもたちにみえない。ほとんどの人間がサラリーマンになってしまったためである。そして、大人たちの主たる関心は、競争に勝つことになってしまった。他社との競争に勝つことだけが生き甲斐になっており、大人たちの話題も、「勝った、負けた」の話か、仲間の足の引っ張り合いか、愚痴か、「疲れた、疲れた」と言ったため息でしかない。これじゃあ、子どもたちが大人に幻滅して当然だ。大人になりたくないと思う子どものほうが正しいようだ。

われわれ大人は、子どもたちに夢を与えるためにも、生活環境を変えていかねばならない。それは、労働時間の短縮といっただけのことだけではない。もっと根本的に、生活のゆとりが必要なのではなかろうか。わたしはそう思う。

ひろさちや「まんだら人生論」

まんだら ⓪	〔名〕	〈仏〉佛菩萨图。杂色图。
大人（おとな）⓪	〔名〕	大人，成人。老实，顺从。老成。
案外（あんがい）⓪①	〔副・形动〕	意想不到，出乎意料。
ショック ①	〔名〕	冲击。刺激。打击。休克。
憂さ（うさ）①	〔名〕	忧愁，愁闷。难受。
嫌悪（けんお）①	〔名〕	嫌恶，厌恶，讨厌。
横（よこ）⓪	〔名〕	横。(水平方向的) 宽度。侧面。旁边。
場（ば）⓪	〔名〕	场所。座位。场合。
分離（ぶんり）⓪	〔名・サ自他〕	分离，分开。脱离。隔离。
姿（すがた）①	〔名〕	姿态。形象。风采。装束，打扮。态度。举止。身影。姿势。
サラリーマン ③	〔名〕	工薪人员。职员。
主たる（しゅたる）②	〔连体〕	主要的。
関心（かんしん）⓪	〔名〕	关心，关怀。感兴趣。
競争（きょうそう）⓪	〔名・サ自〕	竞争。竞赛。
勝つ（かつ）①	〔五自〕	胜，赢。胜过。超过。
他社（たしゃ）①	〔名〕	其他公司（报社、神社）

生き甲斐（いきがい）⓪③	〔名〕	生存的意义。生活的价值。
負ける（まける）⓪	〔下一自〕	输。屈服，示弱。经不住。
引っ張る（ひっぱる）③	〔五他〕	拉，拽。拉紧。强拉。拉拢，引诱。拖长，拖延。
愚痴（ぐち）⓪	〔名・形动〕	牢骚，抱怨，埋怨。
ため息（ためいき）⓪	〔名〕	叹，惋叹。
幻滅（げんめつ）⓪	〔名・サ自〕	幻灭。
当然（とうぜん）⓪	〔名・形动〕	当然。应该。理所当然。
環境（かんきょう）⓪	〔名〕	环境。
短縮（たんしゅく）⓪	〔名・サ他〕	缩短。
根本的（こんぽんてき）⓪	〔形动〕	根本的。根本性。彻底的。
ゆとり⓪	〔名〕	宽裕。余裕。余地。
必要（ひつよう）⓪	〔名・形动〕	必要。必须。非……不可。

文型と表現

1. 〜なんか

接在体言、副词、用言的终止形后，是「など」的口语形式。

（1）表示一种不完全列举。

○ テレビなんか見ていたら明日の試験でいい成績は取れませんよ。

○ 言葉遣いなんかも汚いです。

○ あの店では、薬のほかにジュースなんかも売っています。

（2）用于自己时含有比较谦逊的语气，用于他人时则表示轻蔑的评价。

○ お前なんかの言うことをだれが聞くものか。

○ 君なんかにできるものか。

2. ～たがる

接在动词连用形后，表示第三人称的感情及希望。意为"想……；希望……"。

○ 勉強が嫌いなくせに、学者になりたがっています。
○ 私の友達が読みたがっているので、返していただけないでしょうか。

3. ～ないでもない

接在体言、形容词连用形、动词未然形后，表示不确定、没有十分把握。意为"也不是不……；未必……"。

○ それは手に入らないでもないですが、非売品だから入手するには困難が伴いますよ。
○ 君の言い分は、分からないでもないです。

4. ～はずだ

接在活用词连体形后，表示说话人根据情理、经验或客观情况推测某件事必然的或可能的结果，属于一种有依据的推断或预测。意为"应该……；会……"。

○ さっきそこに置いたんだから、探してみなさい。あるはずですよ。
○ 時間をもっと有効に使えば、勉強の能率も上がるはずですよ。

5. ～ほど～ない

用于客观、一般性的说明。意为"不如……；没有比……；最……"。

○ 今年は去年ほど寒くありません。
○ 朝は雨が強かったけど、今はそれほどでもないです。
○ 家族ほど大切なものはありません。

練習Ⅰ 本文の内容に沿って、次の質問に答えなさい。1、2、3、4から最も適当なものを一つ選びなさい。

問題 1. 「ちょっとショックであった」のはなぜですか。
1. 子どもが早く大人になりたがっているから。
2. 子どもが大人になりたくないと思っているから。
3. 大人になりたいと思っているこどもが、けっこうおおいから。
4. 大人になりたくないと思っている子どもが、けっこうおおいから。

問題 2. 「子どもたちが大人に幻滅して当然だ」というのはなぜですか。
1. 働く大人たちの姿が子どもたちに見えないから。
2. 大人たちがみんな楽しく働いているから。
3. ほとんどの大人がサラリーマンだから。
4. 大人たちは他の人に勝つことばかり考えているから。

問題 3. 文の内容と合うのはどれですか。
1. 私たち大人は、仕事を楽しむことが必要だ。
2. 私たち大人は、仕事の場と生活の場を分離すべきではない。
3. 私たち大人は、生活を楽しむという余裕が必要だ。
4. 私たち大人は、他者に勝つことで子どもに夢を与えなくてはならない。

練習Ⅱ 次の文章を読んで、質問に答えなさい。

　兄弟が少なく、両親が遅くまで仕事をしている家族が、ふえたために、晩御飯を一人で食べる子どもがふえているそうです。むかしは大家族が多かったから、こんなことは、考えられませんでした。食事の

手伝いをさせられたり、嫌いな物をたべさせられたりしていましたが、家族みんなで楽しく食事をしていました。今の子どもは、コンビニエンスストアで買ってきたご飯を、テレビを見ながら一人で食べます。注意する大人がいませんから、ご飯を食べないでお菓子ばかり食べている子どもや、好きなものしか食べない子どもたちもいて、これらのことは社会で大きな問題になっています。

問題1.　「こんなこと」とはどんなことですか。
　1. 大家族が多いこと。
　2. 兄弟が少ないこと。
　3. 子どもが一人で食事をすること。
　4. 食事の手伝いをさせられること。

問題2.　この文を正しく説明しているのはどれですか。
　1. きらいなものを食べさせられるこどもはかわいそうだ。
　2. 最近の子どもは食べ物を自由に選べるから幸せだ。
　3. 食事は一人で食べるよりみんなと食べるほうがおいしい。
　4. 大家族がへっていて、子どもの食生活に問題が起こっている。

日本の道のガイド

熊本県

水前寺成趣園は熊本市中央区にある大名庭園

　熊本県は九州の中央部にあります。北東部の阿蘇火山と南西部の不知火海、この陸と海で燃える二つの火によって、古くは「火の国」と言われました。阿蘇国立公園は雄大な山岳景観と温泉、雲仙天草国立公園は美しいリアス海岸とキリシタン遺跡で、それぞれ人気を集めています。両者を結び、さらに大分県の別府温泉へ達するルートは、九州の代表的な観光コースと言えます。熊本城や水前寺公園のある熊本市は観光の拠点でもあります。菊地渓谷は大分県との境にあります、新緑と紅葉の名所です。バードウォッチングをする人たちにも人気の場所です。

第4課　風の音

　これはもうそろそろ20年近く前のことになる。
　春先、近くの小学校のそばを歩いていたら、新入生らしくピカピカのランドセルを背負った児童が2人、向こうからやって来た。私の顔を見すえて、ひとりがだしぬけに、「センセイ、サヨウナラ」と晴ればれした声で呼んだ。もうひとりも、つられるように。
　「センセイ、サヨウナラ」と、いくらか小さな声で言って通った。まったく知らない子たちである。びっくりしていると、背後からかわいい声で、「せんせいだよな」「コウチョウセンセイかもしれないよ」と話して行くのが聞こえるから、いっそう驚いた。
　校長先生という見立ては残念ながらはずれているが、「センセイ」というのはみごと的中である。こどもの直観はたいしたものだと舌を巻いた。それと同時に縁もゆかりもない小学生にも教師と見破られて、いささか複雑な気持ちでもあった。
　その後、何度も同じようなことを繰り返して、よほど教師然としているのだろう、ひょっとするとわが教師業の全盛期？かもしれないと思ったりしたこともある。いまでも、ゆきずりの小学生がこちらを正視すると、あいさつするのではあるまいかと、うっすら不安を覚える。20年前の後遺症である。
　どうしたことか近年は、知らない小学生から先生扱いされることが

なくなった。やっと教師の顔を卒業できたのか、と思っていた。

　先日、あるところで雑談していたら、中のひとりが、最近は先生にあいさつするのは幼稚園ぐらい。学校にそういうしつけなくなったね、と言った。

　そうであったのか、と思っていた。

外山滋比古「風の音」

単語

そろそろ①	〔副〕	慢慢地。渐渐，逐渐。
春先（はるさき）⓪③④	〔名〕	初春，早春，春初。
新入生（しんにゅうせい）②	〔名〕	(学校）新生。
ピカピカ②①⓪	〔副・形動〕	闪闪发光。光亮。刚刚成为。
ランドセル④	〔名〕	(小学生用硬式）双背书包。
背負（せおう）②	〔五他〕	背，担。背负。担当。
児童（じどう）①	〔名〕	儿童。学龄儿童。
やって来る（やってくる）④	〔連語〕	来到，到来。走近。生活下去。
見据える（みすえる）③	〔下一他〕	注视。定睛看。凝视。
だしぬけ④	〔名・形動〕	突然。没有想到。
釣られる（つられる）④⓪	〔下一自〕	受到引诱。受到影响。
背後（はいご）①	〔名〕	背后。
校長（こうちょう）⓪	〔名〕	校长。
一層（いっそう）⓪	〔名・副〕	一层，一楼。越发，更加。
見立て（みたて）⓪	〔名〕	诊断。判断。鉴定。挑选。兴趣。想法。
外れる（はずれる）⓪	〔下一自〕	脱落。掉下。离开。不准。落空。违反。出众，超群。

見事（みごと）①	〔形动・副・名〕	漂亮。卓越。精采。巧妙。完全，彻底。
的中（てきちゅう）⓪	〔名・サ自〕	射中，打中，命中。（转）中奖。（预想）猜中，应验。
直観（ちょっかん）⓪	〔名〕	凭直觉进行观察。
大した（たいした）①	〔连体〕	惊人的。大量的。了不起的。不值一提。
舌を巻く（したをまく）②+⓪	〔词组〕	咂舌。惊叹不已。非常钦佩。
縁（えん）①	〔名〕	缘分。血缘。姻缘。交情。
縁り（ゆかり）⓪	〔名〕	因缘。缘分。关系。血缘。
見破る（みやぶる）⓪③	〔五他〕	看破，识破，看穿。看透。
些か（いささか）⓪②	〔副〕	略，稍微，一点儿。
繰り返す（くりかえす）⓪③	〔五他〕	反复。重复。
然（ぜん）⓪	〔接尾〕	貌似。
ひょっと⓪	〔副〕	忽然。或许。
全盛期（ぜんせいき）④	〔名〕	鼎盛。
ゆきずり⓪	〔名〕	偶然路过。擦肩而过。
薄ら（うっすら）③	〔形动〕	薄。模糊。隐约。
正視（せいし）⓪①	〔名・サ他〕	正视。正眼看。视力正常。
覚える（おぼえる）③	〔下一他〕	记住。学会。领会，掌握。懂得。感到。
後遺症（こういしょう）③	〔名〕	后遗症。
近年（きんねん）①	〔名〕	近几年。最近。
扱い（あつかい）⓪	〔名〕	使用。操纵。对待，看待。处理，调停。经营。
卒業（そつぎょう）⓪	〔名・サ他〕	毕业。体验过。
雑談（ざつだん）⓪	〔名・サ自〕	闲谈，闲聊，说闲话。
幼稚園（ようちえん）③	〔名〕	幼儿园。

仕付け（しつけ）⓪　　〔名〕　　〈服饰〉缝。教育，教养。

1. ～かもしれない

接在名词、动词、形容词终止形以及形容动词词干后，表示具有一定可能性。意为"或许，可能"。

○ 二三時間したら、晴れるかもしれませんね。

○ 日曜日で道が込んでいるから、歩いたほうが早いかもしれません。

○ これは私には、ちょっと無理かもしれませんが。

2. ～たり

接在用言、助动词的连用形后，但不接助动词「そう、だ、ぬ」。意为"又……又……"。

○ 人前で大声を出して泣いたりするなよ。

○ 社員食堂の定食は、和食だったり中華だったりと実に多彩です。

3. ～まい

接在五段动词终止形、一段动词连用形后，表示意志和推测。物做主语的自动词句子、状态动词「ある、いる、できる、わかる、要る」，以及可能形接「～まい」时，通常表示否定推测，意为"绝不……；不……"。

○ もう君には何も言うまい。好きなようにするがいい。

○ 嘆いても仕方がないことだ。今更くよくよ考えまい。

○ 親に心配をかけまいと思い、何も話さないでおいた。

○ 彼が嘘をついていたなんて、まさかそんなことはありますまい。

練習I 本文の内容に沿って、次の質問に答えなさい。1、2、3、4から最も適当なものを一つ選びなさい。

問題 1.「まったく知らない子たち」からあいさつをされたのはどうしてか。
1. ピカピカのランドセルを背負った新入生だったから。
2. 筆者が勤めている学校の生徒だったから。
3. その子達から見て筆者が先生らしく見えたから。
4. 子どもたちは他人にもあいさつをするようにしつけられているから。

問題 2.「20年前の後遺症」とはどういうことですか。
1. 教師業の全盛期がいつ終わってしまうのか不安を感じる。
2. 何人もの小学生にいっせいに見られるのがこわい。
3. 関係ない小学生に校長先生だと間違われるのがいやだ。
4. 知らない小学生と目が合うと、先生と思われ、あいさつをされそうな気がする。

問題 3.「近年は、知らない小学生から先生扱いされることがなくなった」のはどうしてですか。
1. 教師業の全盛期がいつのまにか終わってしまったから。
2. やっと教師の顔を卒業することができたから。
3. 最近は学校で挨拶をするように教えなくなったから。
4. 近年は幼稚園児からあいさつをされるようになったから。

練習II 次の文章を読んで、質問に答えなさい。

　木がたくさんあると空気がきれいになる。それに、葉の緑を見ていると忙しい毎日をわすれることができる。（　ア　）緑色は目にもい

い。だから、黒板の色は緑色が多いそうだ。

問題1. （　ア　）に入る言葉はどれですか。

　　1. しかし　　2. また　　3. けれども　　4. それで

　この間、私の家の近くで大きなお祭りがあった。私は友達といっしょに行った。おおぜいの人がいてとてもにぎやかだった。私がお店の中をゆっくり見ていると、友達が先に行ってしまった。私は友達のところへ走って行った。それからは、前を歩く友達のコートばかり見て歩いた。（　　）、しばらくして見ると、その人は友だちではなかったのだ。私はその日友だちともう会えなかった。

問題2. （　　）に入る言葉はどれですか。

　　1. そして　　2. しかし　　3. だから　　4. それは

問題3. どうして友だちと離れてしまったのですか。

1. お店がこんでいたから。
2. 友だちが走って行ってしまったから。
3. 友だちのコートとよくにたコートを着ていた人がいて間違えたから。
4. おおぜいの人がいて友だちを待っていられなかったから。

日本の道のガイド

長崎県

グラバー邸は長崎県長崎市南山手町にある

　長崎県は九州北西部に位置する海洋県です。大陸に近く、天然の良港に恵まれているという地理的特質を生かし、古くから外来文化の入口として大きな役割を果たしてきました。江戸時代には長崎の出島が日本唯一の貿易港となり、ヨーロッパ文明受け入れの窓口として繁栄していました。

　長崎市はまた、異国情緒あふれる観光地として人気が高いです。キリシタン迫害の歴史を秘めた浦上、大浦天主堂をはじめ、グラバー邸、崇福寺、出島跡など見所が多く、独特の行事や郷土料理も知られています。浦上は1945年8月の原爆の爆心地でもあります。

　九十九島、平戸島などの海岸美でしられる西海国立公園、雲仙火山と温泉を中心とする雲仙天草国立公園や島原の乱で名高い原城跡、壱岐対馬国定公園などがあります。

第5課　まんだら人生論------------

　昔、気象庁にこんな予報官がいたそうだ。彼は当番の日に、「翌日は快晴」の予報を出して寝た。ところが、朝起きてみると、どしゃ降りの雨である。彼は雨を見ながら、「天気図によれば絶対に雨は降らない。降っているこの雨のほうがまちがっている！」といったという。まさに笑い話である。

　しかし、わたしは、この話が好きだ。笑いとばしてしまえないものを感ずる。

　天気図を一所懸命調べた結果、雨は降らないと確信した。ところが、実際には雨が降っている。だとすれば予報がまちがったのであるが、それを「雨が間違っている」というところがいい。そういう頑固さもあっていいのだと思う。

　いや、気象学においては、そういう頑固さはお笑い種かもしれない。しかし、仏教に関してであれば、やはり仏の教えに従うべきだと思う。

　たとえば、仏教の教えは、「競争をやめよ！」である。競争、競争と、血眼になって競争意識ばかり燃やしていると、わたしたちに心の余裕がなくなる。他人を思いやる気持ちがなくなり、エゴイストになってしまう。競争をやめて、仲良く生きるのが、人間として本当の生き方である。だが、そのようなことをいえば、必ずと言ってよいほ

ど反論がある。あなたはそんな気楽なことを言うが、現実は厳しいのだ。その現実をどうする!?……といった反論である。

　そんなとき、「その現実がまちがっているのです」と、わたしは言いたい。なにも現実に妥協するばかりが能じゃないとわたしは思うが、おかしいだろうか……。

ひろさちや「まんだら人生論」

翌日（よくじつ）⓪	〔名〕	次日，翌日，第二天。
快晴（かいせい）⓪	〔名〕	晴朗，万里无云。
どしゃ降り（どしゃぶり）⓪	〔名〕	倾盆大雨。
天気図（てんきず）③	〔名〕	气象图。
正に（まさに）①	〔副〕	确实。将要。应该。正当。
笑い話（わらいばなし）④	〔名〕	轻松的谈话。笑话。
笑い飛ばす（わらいとばす）⑤	〔五他〕	一笑了之。不认真听。
確信（かくしん）⓪	〔名・サ他〕	坚信，确信。有把握。
頑固（がんこ）①	〔名・形动〕	顽固，固执。久治不愈的。
種（ぐさ）①	〔接尾〕	……的原因。……的材料。
仏教（ぶっきょう）①	〔名〕	佛教。
仏（ほとけ）⓪	〔名〕	佛。佛像。死者。亡魂。
従う（したがう）⓪	〔五自〕	跟随。服从，顺从。按照。伴随，随着。仿效，仿照。
血眼（ちまなこ）⓪	〔名〕	充了血的眼睛。奔走。
意識（いしき）①	〔名〕	意识。认识。觉悟。
燃やす（もやす）⓪	〔五他〕	燃烧。使情绪或感情高涨。
余裕（よゆう）⓪	〔名〕	富余。充裕。从容。
思いやる（おもいやる）④⓪	〔五他〕	同情。体谅。遐想。

エゴイスト ③	〔名〕	利己主义。自私自利的人。
仲良く（なかよく）②	〔副〕	亲密。
反論（はんろん）⓪	〔名・サ自他〕	反论。反驳。
気楽（きらく）⓪	〔名・形動〕	舒适。轻松。无顾虑。
妥協（だきょう）⓪	〔名〕	妥协。和解。
能（のう）①②	〔名〕	能力，才能，本领。功效。

1. ～において（は）

接在名词后，表示动作发生的地点、场合或时间。多用于书面语。意为"在……"。

○ オーディションの合格者は特別番組において発表されました。

○ 日本においては、野生の馬も、家畜の馬も「馬」という言葉で表します。

2. ～に関して

接在名词后，表示相关事物及内容。此为书面语，多用于正式场合、演讲及学术方面。意为"关于……"。

○ これに関しては一切の責任を私が負っています。

○ 最近の若者は、政治に関する知識が乏しいような気がします。

3. ～べきだ

接在动词终止形后，表示某事这样做按照社会常理来说是应该的、合适的。意为"应该"。

○ 1万円拾ったんですって。そりゃあ、すぐに警察に届けるべきですよ。

○ わたしたちは困っている人を助けるべきです。

○ みんなで決めたことなのだから、みんなで協力するべきです。

○ あなたが悪いんだから、四の五の言わず、謝るべきです。

練習I 本文の内容に沿って、次の質問に答えなさい。1、2、3、4から最も適当なものを一つ選びなさい。

問題1.「笑いとばしてしまえないものを感ずる」はどういうことですか。
1. この天気予報はまじめなものだと思う。
2. 何か意味があるように感じる。
3. おもしろい話だが、頑固さも感じられる。
4. 天気予報は正しくて雨のほうがまちがっているように思う。

問題2. 筆者が良いと考える「頑固さ」について、正しいものはどれですか。
1. 簡単には現実に妥協しない頑固さ。
2. 厳しい現実の中でがんばる頑固さ。
3. 競争を絶対にしないようにする頑固さ。
4. 反論に負けないでがんばる頑固さ。

練習II 次の文章を読んで、質問に答えなさい。

今日は日本人の友だちと回転寿司へ行った。その店はいつもとても込んでいるそうだが、2時をすぎていたからか、今日はすぐ坐れた。もちろん今までに寿司を食べたことはある。でも、回転寿司は初めてで、とても嬉しかった。エビやマグロなどいろいろな寿司が回っている。そして、わざわざ注文しなくても好きなものを取って食べることが出来る。これはとても便利だ。寿司は一皿200円だった。少し高いと思ったけれども、美味しくで、10皿食べてお腹がいっぱいになった。

問題1. 回転寿司のどんなところが便利ですか。

1. いつも2時をすぎるとすぐに座れるから便利だ。
2. いろいろな種類のエビやマグロが食べられるから便利だ。
3. 店の人に「○○をください」と言わなくてもいいから便利だ。
4. 一皿200円で、お金を払うとき簡単だから便利だ。

　わたしの家族はみんな本を読むのが好きです。父は家族の中で一番たくさん本を読んでいますが、面白い本があってもあまり教えてくれません。母は料理の本が好きで、いろいろな料理を作ります。でも、ときどきまずい料理も作ります。姉は私が読もうと思っている本を先に読んで、どうなるのか言ってしまうので、いつもけんかになります。弟と私は好きな本がにているので、いつもいろいろな話をすることができます。

問題2. どうして「いつもけんかになる」のですか。

1. 父が面白い本があってもあまり教えてくれないから。
2. 母がときどきまずい料理も作るから。
3. 姉が私が読み終わっていない部分の内容をいうから。
4. 弟と好きな本がとてもよくにているから。

日本の道のガイド

○ 佐賀県

国指定特別名勝の虹の松原（唐津市）

　佐賀県は九州北西部にあり、北は、玄界灘に、南は有明海に面しています。朝鮮半島に近く、古代から、北部はしばしば大陸との交渉の要地で、大陸文化の入口でした。中国古代の所書「魏志倭人伝」に出てきます。末炉国は現在の唐津市、松浦市です。唐津市には日本三大松原の一つといわれる虹の松原や松浦佐用姫の伝説で知られる鏡山などがあります。東松浦半島は呼子町の七つ釜など海岸の奇勝が多く、唐津市とともに玄海国定公園の中心になっています。佐賀県内には多くの古墳や遺跡があります。

第6課　フロンガスが地球を破壊する…

　思い返してみれば、地球の生命は「三つの薄い層」によって紫外線から守られてきました。はじめは水です。最初の生命は危険な紫外線をカットできる海の浅いところで誕生したと考えられています。
　二番目は成層圏のオゾン層です。生命が進化して、光合成によって酸素をだす植物が生まれ、オゾン層が形成されていきました。成層圏では広い範囲に分布しているオゾン層も地上に集めてみれば、3ミリメートル程度の薄膜にすぎません。そのオゾン層は太陽からの強烈な紫外線をそこで吸収してくれます。生物が陸上に進出できたのはそのおかげなのです。
　そして三番目は皮膚です。動物の皮膚は紫外線を吸収し、中の細胞が傷つかないように守っています。しかし皮膚も細胞ですから、強烈な紫外線を浴びるとその中の遺伝子に傷がつき、修復に失敗すると皮膚ガンになることがあります。
　成層圏のオゾン層や、私たちの細胞の中の遺伝子は、およそ35億年というながい年月を経てつくりだされてきました。35億年にくらべてみれば、現代の科学技術が生み出したフロンガスの歴史は一瞬にすぎません。しかしその一瞬が、いまを生きる私たちだけでなく、未来を生きる生命たちをも「地球環境破壊の危機」にさらそうとしているのです。

地球の水は増えも減りもせず、ぐるぐる回っています。35億年の間、水が循環する過程で、廃熱や廃物は浄化され、生命は進化を遂げてきました。しかし、現代科学は水循環によって浄化できない「汚れ」を地中から取り出したり、つくり出したりしてしまいました。その代表が「放射能」や「フロンガス」です。

私たちにもできることがたくさんあります。そのことを、今すぐ実行しょうではありませんか。

山田国廣「フロンガスが地球を破壊する」

フロンガス ④	〔名〕	氟里昂。
思い返す（おもいかえす）④	〔五他〕	再次考虑，重新考虑。
層（そう）①	〔名〕	层。社会阶层。
紫外線（しがいせん）⓪	〔名〕	紫外线。
カット ①	〔名・サ他〕	切。去掉。削球。小插图。
成層圏（せいそうけん）③	〔名〕	平流层。同温层。
オゾン ①	〔名〕	臭氧。
酸素（さんそ）①	〔名〕	氧。
分布（ぶんぷ）⓪①	〔名・サ自他〕	分布。
薄膜（うすまく）⓪	〔名〕	薄膜。
強烈（きょうれつ）⓪	〔形動〕	强烈。力量、作用等强大。
陸上（りくじょう）⓪	〔名〕	陆上。陆地上。
傷つく（きずつく）③	〔五自〕	受伤。损坏。受到创伤。
浴びる（あびる）⓪	〔上一他〕	浇，淋。照，晒。蒙受。
遺伝子（いでんし）②	〔名〕	遗传基因。
修復（しゅうふく）⓪	〔名・サ他〕	修复。修理。复原。恢复。
年月（としつき）②	〔名〕	年和月。岁月，光阴。

一瞬（いっしゅん）⓪	〔名〕	一瞬，一刹那。
危機（きき）①②	〔名〕	危机。险关。
曝す（さらす）⓪	〔五他〕	晒。暴露。
ぐるぐる①	〔副〕	团团转。一层层地（缠绕）。
循環（じゅんかん）⓪	〔名・サ自〕	循环。
廃熱（はいねつ）⓪	〔名〕	废热，余热。
廃物（はいぶつ）⓪	〔名〕	废物，废品。
浄化（じょうか）①⓪	〔名・サ他〕	净化。明朗化。清除弊病、罪恶等。
遂げる（とげる）③②	〔下一他〕	完成。达到。终于。
汚れ（けがれ）⓪	〔名〕	污秽。肮脏。污点。耻辱。
放射能（ほうしゃのう）③	〔名〕	放射能。
実行（じっこう）⓪	〔名・サ他〕	实行。实践。执行。

1.～てくる

接在动词连用形后，表示动作由远而近地移动；或是事物的状态随时间由远而近地发展；抑或是动作或状态一直在持续；还可表示新事物的产生和出现。

○ 子どもが遠くから走ってきました。

○ われわれの生活日に日によくなってきた。

○ 今日まで我慢に我慢を重ねてきた。

○ 言葉は生活の中から生まれてきます。

2.～ていく

接在动词连用形后，表示位置由近到远地移动；或是时间从现在到将来的持续变化；还可表示事物的消失。

○ 都会に引っ越していく人ばかりで、この町は人が少なくなる一方

です。
- 海外旅行に行くときはパスポートを持っていかなければなりません。
- 町の灯が、一つまた一つと消えていきました。

3. ～にすぎない

接在名词、动词、形容词的终止形，以及形容动词词干后，表示程度低，多含有轻视语气。意为"不过，只是"。
- その話は単なるうわさにすぎませんでした。
- たった一つの単語の意味がわかったにすぎませんが、彼らの喜びは大きかったです。
- 彼はただ父親が有名であるにすぎません。

4. ～ではないか

接在名词、动词、形容词的终止形，以及形容动词词干后。表示同意、确认、反问等，通过反语形式表示强烈的肯定语气。口语中多用「じゃないか」。
- あれ、もう一時過ぎじゃないか。とにかくひと休みして、昼飯にしましょう。
- ほら、あそこに見えるじゃないか。あれが富士山ですよ。
- やはり彼は来なかったではないか。言った通りでしょう。

練習I 本文の内容に沿って、次の質問に答えなさい。1、2、3、4から最も適当なものを一つ選びなさい。

問題 1. オゾン層についての正しい説明はどれですか。

1. オゾン層は現在十分な厚さである。
2. オゾン層はとても薄いが紫外線を吸収することができる。

3. オゾン層は生物にとってはなくてもよいものである。
4. オゾン層はすぐ再生できるので破壊されても問題ない。

問題2.「強烈な紫外線を浴びるとその中の遺伝子に傷がつき」の「その」は何ですか。
1. 動物　　2. 皮膚　　3. 紫外線　　4. ガン

問題3. 筆者の意見はどれですか。
1. 地球の環境は破壊されつつあるが、心配はいらない。それは人間の進化の一過程なのだ。
2. 地球の環境は破壊されつつあるが、国が何か対策を考えてくれる。
3. 地球の環境は破壊されつつあるので、人類は科学技術に力を入れるべきだ。
4. 地球の環境は破壊されつつあるので、一人一人が気をつけなければならない。

練習Ⅱ　次の文章を読んで、質問に答えなさい。

　ゴミ捨て場に小さい木の椅子が捨ててありました。赤くてかわいい椅子でした。最初は「まだ使えそうだな」と思いながら、通り過ぎました。その椅子はずっとそこに置いてありました。だんだんそこを通る時「この椅子を使っていたのはどんな子かな」とか「（　　　）、椅子を使っていた子は大きくなって新しい椅子を買ってもらったんだろうな」などと考えるようになりました。そのうちいらなくなって捨てられたその椅子がかわいそうになってきました。私はその椅子をひろって家に持って帰りました。今、その椅子の上に私が子どもの頃から大切にしている人形を飾ってあります。

問題 1. どうして椅子を拾いましたか。
    1. その椅子がかわいかったから。
    2. その椅子をつかっていた子どもがかわいかったから。
    3. その椅子がかわいそうだと思ったから。
    4. その椅子に人形を飾りたかったから。

問題 2. （　　）に入る言葉はどれですか。
    1. たぶん　　2. ぜったい　　3. かならず　　4. ぜひ

日本の道のガイド

福岡県

太宰府天満宮は、福岡県太宰府市にある

　福岡県は九州地方の中心地です。北は玄界灘、東は周防灘、南西は有明海に面します。大陸に近く、博多、門司という良港に恵まれていること、関門海峡を隔てて本州と指呼の位置にあることが福岡県の発展を促す大きな要因となりました。

　観光名所もたくさんありますが、なかでも、大宰府天満宮は福岡県人なら一度はお参りしたことがある神社です。この神社には、菅原道真公が学問の神様として祭られており、毎年、受験シーズンには、多くの受験生が参拝のために訪れます。また、ここは梅の名所でもあり、197種類もの梅の花を楽しむことができます。

第7課　老いの正体

　年より若く見える人は、実際に、その肉体も若いのか。体力はあるのか。ちょっと気になる疑問だが、ほんとうに、この調査をやった医師がいた。北九州に住むその人から、わたしは直接聞いたのだが、答えは、その通り、であった。わたしは他人から、十歳から十五歳ほど若く見られることが多い。それで、「灰谷さん、よかったね」という気持ちをこめて、この話をしてくれたのだろうと思う。

　財を誇る人ははしたないように、自分の若さや健康を鼻にかけるのも、よい趣味とはいえない。わたしは心身とも虚弱体質で、自給自足の生活やら、なにやらで、年をとってから、望ましい体質に変わった。それが嬉しくて、ついつい自分の健康を人に自慢するようなところがあった。

　去年の暮れ、生まれて初めて入院した。過労からくる脊椎の神経圧迫ということだった。神様に叱られたような気がした。世の中には病気で苦しんでいる人がたくさんいるのだ。いい気だったと自分を恥じた。

　そこで、はじめの話に戻るのだが、若く見える人は、肉体も若いという説は、わたしのすむ沖縄、渡嘉敷島の老人には当てはまらないようだ。いったいに南島の人にいえることだが、早く老人顔になる傾向がある。しかし、そこからがすごい。物腰は毅然としていて、体全体

がしゃっきりしている。そして実際よく働く。畑や海へ出ているのは、たいてい老人だ。体の、どこが悪い、あそこがわるいというような会話を耳にしたことがない。愚痴っぽい話や、ものごとを他者の所為にする類の話は、まず、しない。

　いつまでも太陽が顔を出さない天気を嘆いて鳴いていたら、島の老人にいわれた。

　「自然には自然の都合というものがあるのです」

灰谷健次郎「老いの正体」朝日新聞1997年10月8日

気になる（きになる）③	〔詞組〕	担心，挂念。产生兴趣。
はしたない④	〔形〕	粗鲁的，下流的。
鼻にかける（はなにかける）⓪＋②	〔詞組〕	骄傲自大。
虚弱（きょじゃく）⓪	〔形動〕	虚弱。
体質（たいしつ）⓪	〔名〕	体质。
自給自足（じきゅうじそく）⓪④	〔名〕	自给自足。
年を取る（としをとる）②＋①	〔詞組〕	上年纪。
望ましい（のぞましい）④	〔形〕	所希望的。符合愿望的。
つい①	〔副〕	不知不觉地。无意之中。
自慢（じまん）⓪	〔名・サ他〕	自满。自夸。
暮れ（くれ）⓪	〔名〕	年终，年底。
過労（かろう）⓪	〔名〕	工作过度。
脊椎（せきつい）②	〔名〕	脊髓。
神経（しんけい）①	〔名〕	神经。
圧迫（あっぱく）⓪	〔名・サ他〕	压迫。
苦しむ（くるしむ）③	〔五自〕	苦恼。（精神）痛苦。
恥じる（はじる）②	〔上一自他〕	害羞。羞愧。

沖縄（おきなわ）⓪	〔地名〕	冲绳。
渡嘉敷（とかしき）⓪	〔地名〕	渡嘉敷（岛）。
当てはまる（あてはまる）④	〔五自〕	适合。适应。
物腰（ものごし）⓪②	〔名〕	言谈。态度。
毅然（きぜん）⓪	〔形動〕	毅然。
しゃっきり③	〔副・サ自〕	心情爽朗。态度坚定。
畑（はたけ）⓪	〔名〕	旱田。
耳にする（みみにする）②＋⓪	〔词组〕	听到。
愚痴っぽい（ぐちっぽい）④	〔形〕	爱发牢骚的。
物事（ものごと）②	〔名〕	事物。
所為（せい）①	〔名〕	原因，理由。归罪，归咎。
類（たぐい）①②③	〔名〕	同类。
顔を出す（かおをだす）⓪＋①	〔词组〕	露脸，露面。
嘆く（なげく）②	〔五自他〕	伤心。悲叹。

1. 〜見える

接在名词和形容动词词干后用「〜に見える」的形式，接在形容词连用形后用「〜く見える」的形式。意为"看上去……"。

〇 田中さんは背が低くて、大学生には見えません。

〇 あの子はいつも元気に見えます。

〇 飛行機からだと、あの建物は小さく見えます。

2. 〜やらなにやら

接在名词和形容词以及动词原形后，表示除此之外还有许多相类似的东西。多指许多东西混杂在一起。意为"……之类"。

〇 ビールやらなにやらを持って来て誕生日のお祝いをしました。

〇 嬉しいやらなにやらでとても言葉にできない気持ちです。

○ ゆうべは泣き叫ぶやらなにやらの大騒ぎで勉強できませんでした。

3. ～っぽい

接在名词和动词连用形后，形成一个新的形容词，表示有这种感觉或有这种倾向。

○ 木村さんは白っぽいセーターを着ています。
○ 最近忘れっぽくて困っています。

練習

練習Ⅰ　本文の内容に沿って、次の質問を答えなさい。1、2、3、4から最も適当なものを一つ選びなさい。

問題 1.「その通り」とはどういうことですか。
1. 年より若く見える人は、肉体も若いし、体力もある。
2. 年より若く見える人は、肉体も若いか、体力もあるか、どちらかだ。
3. 年より若く見えても、肉体も若いのか、体力があるのかはわからない。
4. 年より若く見えるからといっては、肉体も若いとは限らない。

問題 2.「いい気だったと自分を恥じた」のは、なぜですか。
1. 財を誇り、自分の若さや健康を自慢するのが趣味だったから。
2. 健康を自慢していたのに、過労で入院したから。
3. 病気で苦しんでいる人がいるのに、自分の健康を自慢したから。
4. 自分が虚弱体質であったのに、自分の健康を自慢したから。

問題 3.「自然には自然の都合というものがあるのです」とはどういう意味ですか。
1. 自然の都合がいいときはいつなのか、よく考えたほうがいい。

2. 自然は自然の法則で働くのだから、よく考えたほうがいい。
3. 嘆くよりも、自然の都合をよく知ることのほうが大切だ。
4. 自然の都合が人間の都合と反対だということは、残念なことだ。

練習Ⅱ　次の文章を読んで、質問に答えなさい。

　電話は便利だ。特に小さくてポケットや鞄に入れて運べる電話は便利だ。仕事で使う人だけではなく、大学生や高校生も持っている。しかし、電車の中や教室でベルの音に驚かされるのは困ったことだ。それに一人なのに声を出して笑いながら歩いてくる人を見ると気持ちが悪い。手に電話を持っているのが分かると安心する。

　前は出かけようとする時に電話に出ようかどうしようかと考えた。もし私が電話に出なければ、かけた人は、私が留守だと思うのがふつうだった。ところが今は電話をかける人は私が家にいるかいないかを考えることはない。いつでもどこでも私が電話に出られるだろうと思っている。そして、私が電話に出ると、「今、どこ」と聞く。私たちは電話からにげられなくなった。

問題1.「手に電話を持っているのが分かると安心する」の「安心する」のはどうしてですか。
　1. みんなが電話を持っていることがわかるから。
　2. 用事があれば、いつでも、どこでも連絡できるから。
　3. こわいことがあっても、すぐに警察に電話できるから。
　4. 電話で話しながらわらっていることがわかるから。

問題2.「私たちは電話からにげられなくなった」のはどうしてですか。
　1. いつでも電話に出なければならないから。
　2. 電話がなければ仕事も勉強もできないから。
　3. 電話を持っていないと安心できないから。
　4. 電話をかければどこにいるかすぐわかるから。

日本の道のガイド

宮崎県

鵜戸神宮は、宮崎県日南市にある神社である

　宮崎県は九州の南東部にあります。東側は日向灘(ひゅうがなだ)に面し、西部は九州山地や霧島などの山岳地帯(さんがくちたい)です。一年中暖かく、南国のイメージがあります。三方が山に囲まれているため、他地域(たちいき)との交流は比較的少なく、その結果、独特の風習や方言、伝説などがよく保たれることにもなりました。神話伝説や古墳が多く残されています。

　宮崎県には霧島屋久(きりしまやく)国立公園のほか、4つの国定公園があります。いずれも山岳また海岸自然公園で、観光資源は豊富です。なかでも南国宮崎を代表するのが、日南(にちなん)海岸で、青島から鵜戸神宮(うとじんぐう)を経て都井岬(といみさき)までの太平洋の荒波に浸食された風景、野生の馬がのんびり草を食べる姿、生い茂る亜熱帯植物が人気を集めています。

第8課　子どもと一緒に群れて遊んで‥‥

　私は少年時代は、自然の中で、小さい子も、年上の子も一緒に群れて遊んでいました。

　これは私に限ったことではなくて、昭和30年代半ばまでは、日本ではごく普通に見られた日常の光景でした。子どもが群れるのはひとつの自然なのです。

　群れただけでなく、自分たちで遊びやケンカのルールを決めるなど、おとなに干渉されない子どもだけの自立した世界をつくりあげていました。そこでの生活を通して、子どもは生きていくうえで大事な社会性を身につけてきたわけです。

　ところが、高度成長を経て子どもを取り巻く環境がすっかり人工的になってしまいました。自然が壊されて身近にいた動物や昆虫、植物がいなくなっただけでなく、核家族化と少子化が進み、「群れる」という「子どもの内なる自然」まで失われたのです。

　家族や兄弟の少ない子どもたちは、物余りと情報過多、そして競争社会の中で塾や稽古事に忙しく追われ、家の中に閉じこもってゲームをしたり、テレビを見て過ごしています。かつてのように異年齢の子が群れて遊ばなくなったために、人生で一番重要な社会性を育む機会のないままに大きくなってしまうところに、今の教育の深刻な問題の要因があるように思います。

かといって、もはや自然発生的に群れて遊ぶことは無理である以上、おとなが群れる場を仕掛けていくしかありません。教育の現場では、すでにそれに気づいているところもあるようです。たとえば小学校では、同級生だけで遠足に行くのをやめて、1年から6年までの小集団単位で行くとか、給食のときには、一つテーブルに1年から6年までが一緒に坐り、6年生の子が箸を持ち方を教えたり、「後片付け！」と指導したりします。上の子が言うほうが、先生が言うよりずっと効果があります。

河合雅雄「別冊PHP」2002年8月号

別冊（べっさつ）⓪	〔名〕	附刊。
群れる（むれる）②	〔下一自〕	聚集在一起。
限る（かぎる）②	〔五自他〕	后接否定。（不）一定。
昭和（しょうわ）⓪	〔名〕	昭和。
年代（ねんだい）⓪	〔名〕	年代。
半ば（なかば）③②	〔名〕	中央。中間（部分）。
光景（こうけい）⓪	〔名〕	情景。场面。
ルール①	〔名〕	规则。章程。
干渉（かんしょう）⓪	〔名・サ自〕	干涉。干扰。
自立（じりつ）⓪	〔名・サ自〕	自立。
作り上げる（つくりあげる）⑤	〔下一他〕	做完，完成。
通す（とおす）①	〔五他〕	通过。
生きる（いきる）②	〔上一自〕	生活。生存。
高度成長（こうどせいちょう）④	〔名〕	高速增长。
経る（へる）①	〔五自〕	（时间）经过。
取り巻く（とりまく）③	〔五他〕	包围。

環境（かんきょう）⓪	〔名〕	环境。
人工的（じんこうてき）⓪	〔形动〕	人工的。
身近（みぢか）⓪	〔名・形动〕	身边。身边的。
昆虫（こんちゅう）⓪	〔名〕	昆虫。
少子化（しょうしか）③	〔名〕	少子化。
進む（すすむ）⓪	〔五自〕	前進。进步。
情報（じょうほう）⓪	〔名〕	信息。
過多（かた）①	〔形动〕	过多。
競争（きょうそう）⓪	〔名・サ他〕	竞争。
塾（じゅく）①	〔名〕	补习班。
稽古事（けいこごと）③	〔名〕	技能。
追う（おう）⓪	〔五他〕	追赶。
閉じ込める（とじこめる）④	〔下一他〕	关在里面。
過ごす（すごす）②	〔五他〕	度过。
育む（はぐくむ）③	〔五他〕	培养。培育。
要因（よういん）⓪	〔名〕	主要原因。
かといって①	〔连语〕	但是。
もはや①	〔副〕	（事到如今）已经。
発生（はっせい）⓪	〔名・サ自〕	发生。
仕掛ける（しかける）③	〔下一他〕	安装。着手。
現場（げんば）⓪	〔名〕	现场。
遠足（えんそく）⓪	〔名〕	郊游。
集団（しゅうだん）⓪	〔名〕	集団。集体。
単位（たんい）①	〔名〕	单位。
給食（きゅうしょく）⓪	〔名〕	提供饮食。
後片付け（あとかたづけ）③	〔名〕	收拾。

1. ～を通して

接在人、事、动作的名词后，表示中介或手段。意为"通过……"。
○ 田中さんを通して牧村さんと知り合いになりました。
○ 2年間の文通を通していい勉強になりました。
○ メールのやりとりを通して英語を勉強しています。

2. ～うえで

接在动词现在时后，表示"在……方面；在……时"。有时也写成「上で」。
○ 日本語の本を買ううえで注意しないといけないことはありますか。
○ 作文を書く上での肝心なポイントは何でしょうか。

3. ～以上

接在动词连体形后，后项常接决心或义务等表达方式。意为"既然……"。
○ できると言った以上、成功させないといけませんよ。
○ 生きている以上、すこしでも意味のあることをすべきです。

練習I　本文の内容に沿って、次の質問に答えなさい。1、2、3、4から最も適当なものを一つ選びなさい。

問題 1.「子どもの内なる自然」の説明として適当なものはどれですか。
　1. 子どもの身近にいる動物や昆虫や、植物のこと。
　2. おとなに干渉されない子どもだけの自立した世界をつくりあげること。

3. 家にこもって一人でゲームをしたり、テレビを見たりするこどもの集中力のこと。
   4. 塾やお稽古事に通い、ほかの子どもに負けたくないと言う競争意識のこと。
問題 2. 「すでにそれに気づいているところもあるようです」の「それ」とは何ですか。
   1. 今の子どもが昔のように群れて遊ぶことは無理であること。
   2. 核家族化、少子化は子どもの教育にとって深刻な問題であること。
   3. おとなになると社会性を身につける機会がなくなってしまうこと。
   4. おとなが子どもの群れる場をつくってあげなければならないこと。
問題 3. 「上の子が言うほうが、先生が言うよりずっと効果があります」それはなぜですか。
   1. 先生は言わないで上の子が指導するというルールを、先生がつくったから。
   2. 小集団での遠足に先生は行かないので、上の子が指導しなければならないから。
   3. ちがう年齢の子がいる子ども社会では上の子の教えをきくのがルールだから。
   4. 上の子は塾やお稽古事に忙しく、はやくしないと次のことができないので、先生より指導がきびしくなるから。

練習Ⅱ 次の文章を読んで、質問に答えなさい。

　私は最近引っ越しをした。新しいアパートは駅から10分ぐらいのところにあって、とても便利だが、学校までは1時間半ぐらいかかる。

でも、電車1本だけで行けるので、らくだと思う。前に住んでいたところは3回も乗換えが必要だったからだ。

　アパートは新しくてきれいだ。一番上の3階の部屋は空いていなかったので、2階の一番奥の部屋を選んだ。部屋は家具を入れると狭くなったが、一人で住むので十分だと思った。家賃は1カ月5万円だ。友だちの木村さんの紹介なので一万円安くしてもらうことが出来た。でも、引っ越しには全部で20万円ぐらいお金がかかったから、これから、節約しなげればいけないと思っている。

問題1.「らくだと思う」のはどうしてですか。
　1. 学校まで時間があまりかからないから。
　2. 学校まで電車を乗り換えないで、行けるから。
　3. 電車に一時間しか乗らなくてもいいから。
　4. 駅からアパートまでとても近いから。

問題2. 私が今住んでいるアパートはどんなアパートですか。
　1. 最近建てられたばかりの、3階建てのアパート。
　2. 最近建てられたばかりの、2階建てのアパート。
　3. 10年ぐらい前にたてられた、3階建てのアパート。
　4. 2、30年前に建てられた、2階建てのアパート。

問題3. 私は引っ越した部屋をどう思っていますか。
　1. 家具を入れたら狭くなってしまったので、引っ越したいと思っている。
　2. 家具を入れたら狭くなったけど、大丈夫だと思っている。
　3. 部屋にいれた家具を売ってしまうのは、しかたがないと思っている。
　4. せまくなったので、3階の部屋にすみたいと思っている。

問題 4. 正しい文はどれですか。
1. 家賃は 1 か月 6 万円だったが、木村さんの紹介なので 5 万円になった。
2. 家賃は 1 か月 5 万円だったが、木村さんの紹介なので 4 万円になった。
3. 4 か月分の家賃 20 万円を先にはらわなければならなかった。
4. 家賃に 25 万円ぐらいかかるので、節約しなければならない。

日本の道のガイド

大分県

臼杵磨崖仏は大分県臼杵市深田にある

　大分県は、九州の北東部にある県です。北は瀬戸内海の周防灘に、東には豊後水道に面しています。大陸との交通や瀬戸内海水運による奈良、京都との交通に恵まれ、早くから文化の発展をみることができました。国立公園や国定公園に指定されているところも多く、広大な自然にあふれています。

　別府は東の熱海と共に日本を代表する国際的温泉観光都市です。別府温泉は、日本でも有数の温泉地です。町のあちこちに湯が湧き出ており、赤い湯が湧き出ているところは地獄の池のようなので、「血の池地獄」とよばれています。また、古代の石仏群など観光名所も多いです。普光寺の磨崖仏は高さ11.3メートルもある巨大な像です。だれがいつ彫ったのかわかっていませんが、大分県内にはこのような、自然のなかに彫られた石仏群など、観光名所も多いです。

第9課　色の秘密

本文

　私たちの時間感覚は色によって、心理的に影響される。たとえば、赤や橙色に囲まれた環境では、時間を長く感じる。「一時間たったかな?」と思って時計を見ると、三十分しかたっていないことがある。

　たとえば、ピンクのカーテン、真っ赤なじゅうたん、橙色のソファを備えた応接間にいると、実際の一時間が二倍の二時間にも感じられることがある。実験では、腕時計をつけずに窓のない部屋で、営業マンに会議させたところ、実際の時間は三時間だったのに、誰もが六時間かかったといったという。

　だから、時間の経過が、長く感じられるほうがいい場合、そう、好きな人と一緒にいるような際は、このような暖色系の背景が望ましい。

　また、これを逆用することも考えられる。

　結婚式場の真紅の敷物は、華燭の典のシンボルカラーであると同時に、時間を長く感じさせる効果をも秘めている。真紅の色の力によって、新郎、新婦、親族の一団を何組も通過させることができる。短時間でてきぱき式が進んでいくわりにはゆったりと時間が流れていく感じを与える。充実した式であったと印象づける。結果的に客足の回転率を早める「はたらき」をする。

　反対に、寒色系は実際の時間を短く感じさせる。「一時間たったか

な?」と思うと、じつは、三時間も経過していた、というぐあいなのだ。だから、これは工場などの色彩に適している。終業のベルが鳴ってはじめて、「もう8時間たったのか」ということになる。これも、実験によって寒色系の部屋では、実際の時間経過をその半分に過小評価することがわかっている。

したがって、日常の決まりきった仕事とか、単調な作業にあけくれするところでは、時間の経過が早く感じられる、青、青緑など寒色系が最適といえる。もちろん働く環境は、時間感覚という一点で決定するわけには行かないけれども。

野村順一「色の秘密」

単語

秘密（ひみつ）⓪	〔名・形动〕	秘密。
感覚（かんかく）⓪	〔名〕	感觉。
心理的（しんりてき）⓪	〔形动〕	心理的。
橙色（だいだいいろ）⓪	〔名〕	橙色。
囲む（かこむ）⓪	〔五他〕	包围。
真っ赤（まっか）③	〔名・形动〕	鲜红。通红。
じゅうたん ②	〔名〕	地毯。
備える（そなえる）③	〔下一他〕	备置。准备。
応接間（おうせつま）⓪	〔名〕	客厅。
実験（じっけん）⓪	〔名・サ他〕	实验。
腕時計（うでどけい）③	〔名〕	手表。
経過（けいか）⓪	〔名・サ自〕	时间流逝。
背景（はいけい）⓪	〔名〕	背景。
逆用（ぎゃくよう）⓪	〔名〕	反过来利用。
真紅（しんく）①	〔名〕	深红。

敷物（しきもの）⓪	〔名〕	铺在地上的物品的统称。
華燭の典（かしょくのてん）⓪＋①	〔名〕	结婚仪式。
秘める（ひめる）②	〔下一他〕	隐藏。
新郎（しんろう）⓪	〔名〕	新郎。
新婦（しんぷ）①	〔名〕	新娘。
親族（しんぞく）①⓪	〔名〕	亲属，亲戚。
一団（いちだん）⓪②	〔名〕	一群。
てきぱき①	〔副〕	麻利。爽快。敏捷。
ゆったり③	〔副・サ自〕	不紧不慢。
充実（じゅうじつ）⓪	〔名・サ自〕	充实。
客足（きゃくあし）⓪	〔名〕	客流量。
回転（かいてん）⓪	〔名・サ自〕	转动。旋转。
寒色（かんしょく）⓪	〔名〕	冷色。
色彩（しきさい）⓪	〔名〕	色彩。色调。
適する（てきする）③	〔サ自〕	适合。适用。
終業（しゅうぎょう）⓪	〔名・サ自〕	修业。学习。
過小（かしょう）⓪	〔形動〕	太小。
評価（ひょうか）①	〔名・サ他〕	评价。
決まり切った（きまりきった）④	〔連語〕	日常的。没有新意的。
単調（たんちょう）⓪	〔名・形動〕	单调。
作業（さぎょう）①	〔名・サ自〕	作业。
明け暮れ（あけくれ）②⓪	〔名・サ自〕	专心致志。着迷。
青緑（あおみどり）③	〔名〕	蓝绿色。
最適（さいてき）⓪	〔名〕	最适合。
決定（けってい）⓪	〔名・サ自他〕	决定。

1. 〜ずに

接在动词未然形后，表示"在不（没有）……的状态下做某事"。「ずに」是书面用语，口语形式是「ないで」。
- 〇 郵便番号を書かずに葉書を出してしまいました。
- 〇 傘を持たずに会社に行きました。
- 〇 朝御飯を食べずに学校へ行く学生が多いです。

2. 〜たところ

接在动作性动词的过去时后，表示前后项之间是一种偶然关系，相当于「〜たら」。
- 〇 会社に行ってみたところ、社長はまだ帰っていませんでした。
- 〇 長野さんに頼んだところ、すぐ社長に電話をかけてくれました。

3. 〜わりに（は）

接在用言连体形后，表示"（比较起来）虽然……但是……"。
- 〇 あのレストランは値段が高いわりには、おいしくありません。
- 〇 こちらは景色が綺麗なわりに、観光客が少ないです。
- 〇 木村さんはよく勉強しているわりに、成績があまりよくありません。

4. 〜わけにはいかない

接在动词现在时后，表示"那样做是不可能的"，其根据是社会上的一般常识和以往经验等。
- 〇 パーテイーに誘われましたが、明日朝早いので、行くわけにはいきません。
- 〇 最近は忙しくて、その仕事を引き受けるわけにはいきません。

練習Ⅰ　本文の内容に沿って、次の質問に答えなさい。1、2、3、4から最も適当なものを一つ選びなさい。

問題1.『客足の回転率を早める「はたらき」をする』の「はたらき」とは、どんなことですか。
1. 新郎、新婦、親族の一団を通過させることができる。
2. 時間の流れをゆっくりと感じさせることができる。
3. 結婚式を充実した式であったと印象づけることができる。
4. 式を短時間で終わらせることができる。

問題2.「赤や橙色に囲まれた環境では、時間を長く感じる」の「た」の使い方と違っている文はどれですか。
1. メガネをかけた人は弟さんですか。
2. ピンクのカーテン、真っ赤なじゅうたんを備えた応接間にいる。
3. 誰もが六時間かかったといったという。
4. 本石さんは困った顔をしている。

問題3.「実際の時間は三時間だったのに、誰もが六時間かかったといったという」の「という」の使い方と同じものはどれですか。
1. 彼は卒業してから高校の教師をしているという。
2. 「一時間たったかな?」と思うと、実は三時間も経過していた、という具合なのだ。
3. 友達から「明日そちらに行く」というメールをもらったのだ。
4. 日本語ではこのような読み方を訓読みという。

練習Ⅱ 次の文章を読んで、質問に答えなさい。

　先週、コンピューターを買った。コンピューターはいろいろあるので、コンピューターを買う前、どんなものを買えばいいか友達に相談してみたが、友達の話は専門の言葉が多くて分からなかった。そこで、お店の人に聞いたら、機械を見ながら親切に教えてくれ、一番使いやすそうなコンピューターを買うことができた。学校でコンピューターを使う時は先生に聞けば、わからないところを教えてもらえるが、家でコンピューターを使う時は、本を読んでもよく分からないし、友達の説明は分かりにくい。使えるようになるまでには、まだ時間がかかりそうだ。

問題1. どうしてコンピューターを買うとき友達に相談しましたか。
　1. コンピューターの本が高かったから。
　2. どんなコンピューターがいいか分からなかったから。
　3. コンピューターの専門の言葉がしりたかったから。
　4. コンピューターの使い方が分からなかったから。

問題2. 学校の先生に教えてもらえることは何ですか。
　1. コンピューターの選び方。
　2. コンピューターの本について。
　3. コンピューターの使い方。
　4. コンピューターの専門のことば。

日本の道のガイド

愛媛県

道後温泉本館

　県名が「かわいいお姫様」と言う意味の愛媛県は、四国の北西部にあり、瀬戸内海と豊後水道(ぶんご)に面しています。気候は瀬戸内式気候で温暖少雨、ミカンが多く取れる場所として有名です。松山市の道後温泉は景行(けいこう)、斎明(さいめい)、天智天皇(てんち)や聖徳太子(しょうとくたいし)らが湯浴みした古くからの温泉として名高いです。それだけではありません、夏目漱石(なつめそうせき)の「坊ちゃん」、司馬遼太郎(しばりょうたろう)「坂の上の雲」といった小説の舞台にもなっています。さらに、五七五の音を楽しむ俳句を近代化した正岡子規(まさおかしき)の生まれたところでもあり、さまざまな文学を育てた地なのです。

第10課　学問の冒険

　雑木林をあてもなく歩くのが好きだ、と私は前に何度か書いた。雑木林には、さまざまな動植物が生きていて、一つのダイナミックな調和をつくっている。わたしはそれを美しいと思う。全てがその調和の中に生き生きと息づいているからである。

　私はスギやヒノキなど植えられた純林をあまり好きではない。整えられた純林を美しいと思う人も少なくないだろうが、純林には限られた種類の鳥や昆虫しか棲んでいない。樹林の下生えの植物も貧しいものだ。純林には、そこに植えられている木だけを食べる昆虫がやってくる。その昆虫を食べる動物が少ないので大発生し、農薬で退治するという方法が取られる。そういう意味で、純林は、生きものを排除した林ということができよう。つまり、雑木林のように生き生きとして感じられないから、私は純林が好きではなく、また美しいとも思わないのである。

　人間が育つ環境も純林型と雑木林型に分かれるのではないか、というと奇異に感じられるかもしれない。しかし、例えば現代の日本の画一化された教育環境などは、純林といえまいか。そこでは個性とか資質とかを育てるよりも、ひとつの標準的規格にはめ込むことが、主として行われている。それが整然と一種類の木を植えて育てる純林のように、私の目には映るのである。

といえば、私が望んでいる教育環境がどんなものか、およそ察してもらえるだろう。植物に例えていえば、スミレ的資質をもった子どもはスミレとして育ち、大木的資質をもった子どもは、大木として育つような環境が望ましい、と私は考えている。それは種々雑多な動植物が各々の住処を得て、それぞれ精一杯生きている雑木林の姿に似ている。そして純林の教育ではなく、雑木林の教育の中からこそ、個性的な人間が育ち、彼らによって独創的な仕事が生まれるものだと私は信じて疑わないのである。

河合雅雄「学問の冒険」

冒険（ぼうけん）⓪	〔名〕	冒险。
雑木林（ぞうきばやし）⓪	〔名〕	杂木林。
当て（あて）⓪	〔名〕	目标。
ダイナミック④	〔形動〕	强有力的。活跃的。
調和（ちょうわ）⓪	〔名・サ自〕	调和。协调。
生き生き（いきいき）③	〔副・サ自〕	生动。栩栩如生。
息づく（いきづく）③	〔五自〕	生活。呼吸。
スギ②	〔名〕	杉树。
ヒノキ③	〔名〕	扁柏。
純林（じゅんりん）⓪	〔名〕	单一树林。
整える（ととのえる）④	〔下一他〕	调整。塑造。
棲む（すむ）①	〔五自〕	栖息。
樹林（じゅりん）⓪	〔名〕	森林。
下生え（したばえ）⓪	〔名〕	林中丛生的草。
農薬（のうやく）⓪	〔名〕	农药。
退治（たいじ）⓪	〔名・サ他〕	扑灭。

排除（はいじょ）①	〔名・サ他〕	排除。
奇異（きい）①	〔形動〕	奇异，奇特。
画一化（かくいつか）⓪	〔名〕	整齐划一。一律。
資質（ししつ）⓪	〔名〕	资质。素质。
規格（きかく）⓪	〔名〕	规格。
嵌めこむ（はめこむ）③	〔五他〕	嵌入。
整然（せいぜん）⓪	〔形動〕	井然。整齐。
映る（うつる）②	〔五自〕	映入眼帘。
望む（のぞむ）⓪	〔五他〕	期待。
察する（さっする）⓪③	〔サ他〕	推测。
スミレ⓪③	〔名〕	东北堇菜。
大木（だいぼく）⓪	〔名〕	大树。
種々（しゅじゅ）①	〔名・副・形動〕	种种。各种各样。
雑多（ざった）⓪	〔形動〕	各种各样。五花八门。
各々（おのおの）②	〔名・副〕	各自。
住処（じゅうしょ）①	〔名〕	住所。
精一杯（せいいっぱい）③	〔名・副〕	尽力。
独創（どくそう）⓪	〔名・サ他〕	独创。

～よう

此为推量助动词，接在动词未然形后，表示推测。サ变动词用「しよう」的形式。

○ 今日は曇っているが、明日は晴れよう。

○ あんな言葉づかいではお里が知れよう。

○ 病状がだんだん好転しよう。

練習Ⅰ 本文の内容に沿って、次の質問に答えなさい。1、2、3、4から最も適当なものを一つ選びなさい。

問題1.「純林をあまり好きではない」のはなぜですか。
1. スギやヒノキがあまり好きではないから。
2. 動植物が限られているから。
3. 昆虫が大発生するから。
4. 農薬で昆虫を退治しなければならないから。

問題2.「私が望んでいる教育環境」とは、どんなものですか。
1. 大木的資質をもった子どもが育つ教育環境。
2. 子どもたちのそれぞれの資質が伸ばせるような教育環境。
3. 動物や植物物を愛する子どもたちが育つような教育環境。
4. 個性的な人間が別々に育てられるような教育環境。

練習Ⅱ 次の文章を読んで、質問に答えなさい。

　父の誕生日にネクタイをあげようと思って駅の近くにある大きな店に入った。綺麗なネクタイがたくさん並んでいたが、とくに綺麗なのを3本選んだ。けれども、その中でどれが一番いいか、なかなか決められないので、私はしばらく考えていた。そうしたら店の人が「家に持っていってもいいですよ。お父さんに聞いてみたら。」と言った。そして、まだお金を払っていないのに、ネクタイを3本袋に入れてくれた。私はちょっと驚いたけれど、御礼を言ってネクタイを家に持って帰った。この親切な店員のおかげで、私は父が一番好きなネクタイをプレゼントすることができた。

問題 1. どうして驚いたのですか。
    1. 綺麗なネクタイがたくさん並んでいたから。
    2. ネクタイを家に持っていってもいいと言われたから。
    3. 店の人がネクタイを3本も袋に入れたから。
    4. 店の人がネクタイをくれたから。

問題 2. だれがどこでネクタイを選びましたか。
    1. 父が店で選びました。
    2. 私が店で選びました。
    3. 私が家で選びました。
    4. 父が家で選びました。

日本の道のガイド┄┄┄┄┄┄┄┄┄┄┄┄┄┄

高知県

桂浜は、高知県高知市浦戸にある

　高知県は四国の太平洋側にあります。東西に連なる四国山地が海にまで迫り、高知、中村平野のほかは山地が大部分を占めます。太平洋に面した東の先端は室戸岬(むろとみさき)で、台風がよく接近することで有名です。付近には、亜熱帯の植物が自生しています。西に足摺岬(あしずり)が太平洋に突き出し、高さは70メートルの絶壁です。足摺岬、室戸岬とも太平洋の雄大な眺望と亜熱帯植物が茂る南国的景観が見所と言えます。高知市の南部の桂浜(かつらはま)の砂浜から、秋の月を見るのは美しいです。

第11課　献血

　町を歩くと、「献血にご協力お願いします」によく出会う。そんな現場を通り過ぎるたびに、私はどこか後ろめたい気持ちになる。
　注射針を刺されるという緊張に耐え、生身から血液を抜くという乱暴な行為に身を任せ、その血液を見知らぬ人を救うために提供する、というのは文句なしに気高い行いである。気高い行いを誘われながら、何食わぬ顔で通り過ぎるのは、後ろめたいことなのである。そう感ずるのは、私がいつも気高くあろうと、少なくとも努力はしている健気な人間の証拠と思う。
　何食わぬ顔と言ったが、通り過ぎるたびに私は、「急いでいるので」とか、「体調がいまひとつなので」とつぶやいている。相手にではなく自分につぶやいている。これは私が良心の人である証拠と思う。
　私が始めて献血をしたのは、二十年前のことである。母の妹が五十歳の若さで重い腎臓病にかかり、輸血が必要になった。当時、血液を必要とする患者には、その家族や友人から集めたと等量の血液だけが与えられていた。幼いころから面倒を見てもらった叔母だったから、私は何のちゅうちょもなく、日赤病院へ一週間おきに通い、何度か献血をしたのである。
　その後、献血制度は変わり、完全な無償となった。献血はますます気高い行いとなった。純粋数学などという、人類の幸福にまるで

役立たないことをしているうえ、物ぐさな私は、ボランティアなどにも参加しないから、罪滅ぼしもあり、気のむいた時に献血に応じてきた。

　無償といったが、私にとって本当は無償ではない。罪滅ぼしをした後の肩の荷の軽さが何とも心地よいからである。日本人の数パーセントにすぎないAB型なので、「わあ、ABだ。うれしいわ。これが欲しかったよ」などと若い看護婦さんに大げさに喜ばれたりすると、あたかも地球の危機を救った勇士のような気分にさえなる。しばらくは気高い人として、大通りを堂々と歩ける。

藤原正彦「献血」読売新聞1997年8月16日

単語

献血（けんけつ）⓪	〔名〕	献血。
出会う（であう）②⓪	〔五自〕	遇到，碰见。
現場（げんば）⓪	〔名〕	现场。
通り過ぎる（とおりすぎる）⑤	〔上一自〕	走过。
後ろめたい（うしろめたい）⑤	〔形〕	内疚的。
注射針（ちゅうしゃばり）⓪	〔名〕	注射器。
刺す（さす）①	〔五他〕	扎，刺。蜇。咬。
耐える（たえる）②	〔上一自〕	忍受，忍耐。
生身（なまみ）②⓪	〔名〕	肉体。活体。
血液（けつえき）②	〔名〕	血液。
抜く（ぬく）⓪	〔五他〕	抽出。
身を任せる（みをまかせる）⓪+③	〔词组〕	任人摆布。
見知らぬ（みしらぬ）⓪	〔连语〕	完全陌生的。
救う（すくう）⓪	〔五他〕	救。
提供する（ていきょうする）⓪	〔名・サ他〕	提供。

文句なし（もんくなし）①+①	〔词组〕	无可挑剔。
気高い（けだかい）③	〔形〕	高尚的。
何食わぬ顔（なにくわぬかお）④	〔词组〕	若无其事。
少なくとも（すくなくとも）③	〔副〕	至少。
健気（けなげ）⓪①	〔形动〕	勇敢。
呟く（つぶやく）③	〔五自〕	嘟囔。
良心（りょうしん）①	〔名〕	良心。
腎臓病（じんぞうびょう）⓪	〔名〕	肾病。
輸血（ゆけつ）⓪	〔名・サ自〕	输血。
面倒を見る（めんどうをみる）③+①〔词组〕		照料。
躊躇（ちゅうちょ）①	〔名・サ自〕	犹豫。
物ぐさ（ものぐさ）⓪	〔名・形动〕	嫌麻烦。懒汉。
ボランティア②	〔名〕	志愿者。
罪滅ぼし（つみほろぼし）③	〔名〕	赎罪。
気が向く（きがむく）⓪+⓪	〔词组〕	感兴趣。心血来潮。
応じる（おうじる）⓪③	〔サ自〕	答应。回答。
肩の荷の軽さ（かたのにのかるさ）①+⓪〔词组〕		一身轻松。
心地よい（ここちよい）④	〔形〕	舒适的。
賭する（とする）②	〔サ他〕	豁出去。
堂々と（どうどうと）⓪	〔形动〕	坦荡。

文型と表現

1. ～なしに

接在名词后，表示"没有……；不……"。

○ 許可なしにはその会議室に入ってはいけません。

○ 挨拶なしに帰ったら、怒られるでしょう。

2. ～ようと（も）

接在动词未然形后，表示"即使……也……"。

○ 両親に反対されようと、行くつもりです。

○ たとえ笑われようとも、カラオケの練習は止めたくありません。

3. ～おきに

接在表示时间或距离的数量词后，表示"每隔……"。

○ 空港ゆきのバスは5分おきに出ています。

○ 街路樹が5メートルおきに植えられています。

練習I　本文の内容に沿って、次の質問に答えなさい。1、2、3、4から最も適当なものを一つ選びなさい。

問題1.　「何食わぬ顔」とは、どういう意味ですか。

1. 何も文句を言いたくないという顔。
2. 悪いことはしたくないというようす。
3. 後ろめたいとかんじるようす。
4. 悪いと思わない平気な顔。

問題2.　「献血はますます気高い行いとなった」のは、なぜですか。

1. 罪滅ぼしができるようになったから。
2. 血液を無償で提供するようになったから。
3. 気の向いたときにできるから。
4. ボランティアの献血が盛んになったから。

問題3.　筆者にとって「献血」とはどのような行為ですか。

1. 自分が気高く感じられる行為。
2. 無償でするべき行為。
3. 罪を犯した後でする行為。

4. 人に喜ばれる行為。

練習Ⅱ　次の文章を読んで、質問に答えなさい。

　日本人の生活はとても便利になりました。今私たちはいつでもどこでもいろいろなものが簡単に買えます。人々のお金の使い方も少し変わってきました。1970年ごろは1か月に使うお金の32パーセントくらいを食べ物に使っていました。しかし、今では20パーセントくらいしかつかっていません。これは、生活がよくなって、食事のほかにいろいろなものが買えるようになったからです。東京の人が今一番欲しい物は家だそうです。自分の家を持っている人は田舎では70パーセントくらいなのに、東京ではその半分しかいません。東京で自分の家を持とうと思ったら、1年間にもらうお金の5倍から10倍もお金が必要だからです。一生懸命はたらいても、なかなか家が買えませんが、車を買ったり外国旅行に行ったりする人はたくさんいるようです。

問題1.「20パーセントくらいしかつかっていない」のはどうしてですか。
　1. 車をかったり外国旅行に行ったりする人が多いから。
　2. 家の値段がとても高いから。
　3. 生活がよくなってたくさんものを買えるようになったから。
　4. 1年間にもらうお金が田舎より少ないから。

問題2.「その半分しかいません」というのはどうしてですか。
　1. 一番欲しい物は家だから。
　2. 家がとても高いから。
　3. 1年間はたらいても家が買えないから。
　4. 1年間にもらうお金が少ないから。

日本の道のガイド

徳島県

大鳴門橋 徳島県鳴門市

　徳島県は四国東部にあり、北東部は鳴門(なると)海峡を隔てて淡路(あわじ)島に向き合い、東部は紀伊(きい)水道、南部は太平洋に面しています。中央部から南は剣(つるぎ)山地の支脈が海にせまり、平野は少ないです。
　気候は剣山地を境に、南部は太平洋岸気候、北部は瀬戸内式気候でともに温暖ですが、南部は雨が多く、台風の通過地帯でもあります。北部は少雨です。
　鳴門海峡は雄大な渦潮(うずしお)で知られ、瀬戸内海国立公園東部の代表的観光地です。また海峡にかかる大鳴門橋は本州四国連絡橋の一部で全長1629メートル、日本の架橋技術の粋を集めた東洋一のつり橋です。

第12課　幸運グッズは当たる?

　私の娘が高校生の頃、カバンに小さな人形をぶら下げているので、「それは何のお守り?」と聞いたら、「幸運グッズで、これを付けていると試験の成績が良くなる」という返事が戻ってきました。「現在、この前の中間試験の成績が良かったから効き目がある」と信じているようです。そこで私は、「そんなもの付けてても、次の試験はきっと悪い成績になるよ」と予言をしました。そしてその予言通り娘の期末試験の成績は散々で、幸運グッズに効き目がないことが証明されました。

　そこで、私は娘に、「あなたの大体の実力は七十点を取るくらいである。しかし、人間には好不調というものがあって、九十点を取ることも、四十点しか取れないこともある。おそらく、あなたは前の期末試験が実力以下の成績だったので、神にすがるような気持ちで幸運グッズを買ったのだろう。ところが、それは単に不調で実力が発揮できなかっただけだから、幸運グッズを買おうと買うまいと、あなたの通常の実力通りなら、次の成績は上がることになる。それが、前の中間試験であった。成績が平均点を上回ったり下回ったりしているだけなのである。それを誤解して、幸運グッズを身につければ成績が良くなると信じてあまり勉強していないようだったから、成績は必ず下がると予言できたのだ」という説明をしました。

人生は山あり谷ありで、山があればいずれ谷がくるし、谷があればいずれ山が来るのです。たとえ谷に落ち込んでも慌てず、いずれ自然の成り行きとして谷を脱するときが来るだろうと、時を待っておれば良いのです。ところが、怪しげな宗教を信じ込んだり、幸運グッズに手を出す人は、このあたり前のことがよくわかっていないようです。谷に落ち込むと追い詰められた気分になって、つい神に頼ったり幸運グッズに手を出してしまうのです。やがて、時の流れとともに谷の時期が去って山の時期がやって来るのですが、それを頼んで神や幸運グッズのお陰だと信じてしまう、というわけです。

池内了「考えて見れば不思議なこと」

不思議（ふしぎ）⓪	〔名・形動〕	不可思议。奇怪的。
ぶらさげる⓪	〔下一他〕	提。悬挂。吊。
お守り（おまもり）⓪	〔名〕	护身符。
幸運グッズ（こううんグッズ）⓪＋①	〔名〕	幸运挂件。
効き目（ききめ）⓪	〔名〕	效力。效能。
予言（よげん）⓪	〔名・サ他〕	预言。
散々（さんざん）①	〔形動・副〕	狼狈。糟糕透顶。
証明（しょうめい）⓪	〔名・サ他〕	证明，证实。
好不調（こうふちょう）⓪	〔名〕	顺不顺利。
恐らく（おそらく）②	〔副〕	恐怕，或许，大概。
神（かみ）①	〔名〕	神。上帝。
すがる⓪②	〔五自〕	依赖，依靠。
単に（たんに）⓪	〔副〕	仅仅，只是。
発揮（はっき）⓪	〔名・サ他〕	发挥，施展。
通常（つうじょう）⓪	〔名・副〕	通常，平常。

平均点（へいきんてん）③	〔名〕	平均分数。
上回る（うわまわる）④	〔五自〕	超过。超出某一数量。
下回る（したまわる）③④	〔五自〕	低于。在某标准以下。
誤解（ごかい）⓪	〔名・サ他〕	误解，误会。
谷（たに）②	〔名〕	山谷，山沟，沟壑。
いずれ⓪	〔副〕	反正，总之，好歹。
落ち込む（おちこむ）⓪③	〔五自〕	掉进，陷进。
成り行く（なりゆく）⓪③	〔五自〕	发展下去。演变。
脱する（だっする）⓪③	〔サ自他〕	脱离。摆脱。
怪しい（あやしい）⓪③	〔形〕	可疑的。奇怪的。
宗教（しゅうきょう）①	〔名〕	宗教。
追い詰める（おいつめる）④	〔下一他〕	逼到绝境。遇到困境。

1. おそらく

此为副词，后面一般出现表示推量的「だろう」，表示"恐怕，大概，估计"等意。

○ 明日はおそらく雨でしょう。

○ それはおそらく不可能でしょう。

2. 単に

此为副词，常与副助词「だけ、のみ、ばかり」或句型「～にすぎない」一起出现，表示"仅，只，单单"等意。

○ それは単に私一人の考えにすぎません。

○ これは単に個人のみの問題ではありません。

3. ～ようと～まいと（～こうと～まいと）

接在同一个动词后，前者为动词未然形（意志形），后者为五段动词终

止形或其他动词未然形。表示"不论……；不管……"。

○ 食べようと食べまいと、俺の勝手です。

○ 相手が聞こうと聞くまいと、自分の思ったことを言うべきです。

4. たとえ～ても

「たとえ」是副词，表示"即使"。一般与「～ても」（体言、形容动词用「～でも」）的形式构成惯用句形，表示"即使……也……"。

○ たとえ両親が反対しても留学に行きたいです。

○ たとえ給料が低くてもこの会社で働きたいです。

練習Ⅰ　本文の内容に沿って、次の質問に答えなさい。1、2、3、4から最も適当なものを一つ選びなさい。

問題 1. この娘の最近3回の試験の成績はどのように変化しましたか。

1. 良い→悪い→良い
2. 悪い→良い→良い
3. 良い→悪い→悪い
4. 悪い→良い→悪い

問題 2. 筆者によると、幸運グッズにはどのような効果がありますか。

1. 何も効果がない。
2. 幸運を与える。
3. 自信をつける。
4. 実力を出させる。

問題 3. 筆者がこの文章で言いたいことはどんなことですか。

1. たとえ宗教や幸運グッズに頼ったとしても、人間のいいときと悪いときが来る順番を変えることはできない。
2. 人間には悪いときと良いときがあるものだが、神や幸運グッズは悪い時にだけ頼りにすればいい。

3. 悪いときには人間は落ち込むが、神や幸運グッズがあれば、良い時が来るまで安心して待つことができる。
4. 悪いときの次には必ず良いときがやって来るので、悪いときが来ても神や幸運グッズに頼る必要はない。

練習Ⅱ 次の文章を読んで、質問に答えなさい。

　今度の休みに旅行をするつもりだ。今日は旅行の鞄を借りるために友だちに会った。この友だちは疲れるし両親も心配するのであまり旅行が好きではないそうだ。私は旅行をすると、見たり聞いたりしたことのないものに出会えるので、とても面白いと思う。（　　　）旅行中に会う人たちとの出会いもすばらしい。今までの旅行で出会った人にはよく手紙を書いている。またいつかもう一度彼らに会いに行きたい。今度の旅行ではどんな人に出会うだろうか。

問題1. （　　）に入る言葉はどれですか。
　　1. それで　　2. それに　　3. それほど　　4. それでは

問題2. 「彼ら」はだれのことですか。
　　1. 今度の旅行で会う人。
　　2. 今までの旅行で会った人。
　　3. 両親。
　　4. 鞄を借りた友達。

日本の道のガイド

香川県

高松市の栗林公園

　香川県は四国の北東部に位置します。瀬戸内海の主要航路である備讃(びさん)瀬戸に面し、瀬戸内海航路と共に発展しました。面積は日本一小さいですが人口密度は高いです。100余りの島があり、気候は穏やかで美しい海が見られます。高松市の栗林(りつりん)公園はもともと高松藩の庭園でした。完成までに100年もかかったと言われる名園です。

　75万平方メートルの広大な敷地に6つの池と13の築山(つきやま)があります。

第13課　日本語　表と裏------------

　日本人はいたるところで「よろしく」を連発する。年賀状にはきまって、「本年もどうぞよろしく」と書き、知人に何か依頼する時にも、「よろしく」と言って頼む。慣用語、あるいは挨拶語だと言って聞き流せばそれまでだが、そういわれて誠実に相手の依頼にこたえようとすると、「よろしく」の意味がわからなくなる。「よろしく」というのは「よろしく心を配って欲しい」と言うことであろう。頼みごとをするほうは、具体的な要求を明示して頼むと相手が迷惑が掛からないように、相手のでき得る範囲内で力を貸して欲しいと、その範囲を相手に任せているわけである。したがって、「よろしく」という言葉の意味は、「お志だけで結構です」ということにちがいない。しかし、そういわれると、頼まれた相手は具体的な要求を出されるよりも、もっと迷惑するのである。
　パリに半年ほど滞在していた時のことだ。「ぼくの知人の某氏がパリへ行く。よろしく」という手紙を友人から受け取ったのである。私の友人は気軽にそう書いてよこしたのだが、いったい「よろしく」とは何を要求しているのか、こちらにはさっぱり見当がつかない。空港まで出迎えて欲しい、というのか、ホテルをとっておいてもらいたい、というのか、パリを案内してやってくれ、というのか、一度ぐらい食事を共にしてもらえまいか、というのか。私はさんざん思い悩ん

だすえ、具体的な依頼がないかぎり、何もしないことにした。そのような判断までこちらにさせるというのは、冗談ではない、あまりにも甘えすぎであり、虫がよすぎる、と思ったからだ。

「よろしく」という言葉は一見、相手の意志や判断を尊重する言い方のように思える。

しかし、よく考えてみると、それは責任を相手に転嫁させることによって、自分の責任をのがれようとする呪文ではないか。どのようなことであれ、判断をくだすということは、それなりに努力を必要とする。あれこれ考えることは、たいへん面倒なことなのである。

その面倒な思案を放棄して相手に押し付けることは、時には無礼にもなりかねない。

森本哲郎「日本語　表と裏」

単語

表（おもて）③	〔名〕	表面。正面。外观。
裏（うら）②	〔名〕	背面。反面。
連発（れんぱつ）⓪	〔名・サ自他〕	连续说。连续提出。
本年（ほんねん）①	〔名〕	今年，本年。
知人（ちじん）⓪	〔名〕	熟人。相识。
依頼（いらい）⓪	〔名・サ他〕	托，委托。
聞き流す（ききながす）④	〔五他〕	置若罔闻，充耳不闻。
誠実（せいじつ）⓪	〔名・形動〕	诚实。真诚。
具体的（ぐたいてき）⓪	〔形動〕	具体的。实际的。
要求（ようきゅう）⓪	〔名・サ他〕	要求，请求。
明示（めいじ）⓪①	〔名・サ他〕	明示。清楚表达。
範囲（はんい）①	〔名〕	范围。
志（こころざし）⓪	〔名〕	志愿。志向。

某氏（ぼうし）①	〔名〕	某人。
気軽（きがる）⓪	〔形動〕	轻松愉快。舒畅。
よこす②	〔五他〕	派来。送来。
思い悩む（おもいなやむ）⓪⑤	〔五他〕	伤脑筋，苦恼。
虫がいい（むしがいい）④	〔词组〕	只顾自己。
意志（いし）①	〔名〕	想法。打算。志向。
尊重（そんちょう）⓪	〔名・サ他〕	尊重。
転嫁（てんか）①	〔名・サ他〕	转嫁，推诿。
責任（せきにん）⓪	〔名〕	责任，义务。
呪文（じゅもん）⓪	〔名〕	咒文，咒语。
思案（しあん）①	〔名・サ自他〕	思量，考虑。
放棄（ほうき）⓪①	〔名・他サ〕	放弃。丢弃。
押し付ける（おしつける）④	〔下一他〕	（把工作、责任等）强加于人。
無礼（ぶれい）①②	〔名・形動〕	无礼，不恭敬。

1. ～にちがいない

接在体言、动词和形容词连体形及形容动词词干后，表示说话人比较有把握的断定语气。意为"一定是……；肯定是……"。

○ まだ着いてないのを見ると、王君はまた寝坊したにちがいありません。

○ デパートの前に人がたくさん並んでいる。きっと何かのセールにちがいありません。

2. ～かぎり

接在动词连体形后，或接在「名词、形容动词词干＋である」后，表示前项是实现后项的条件。意为"只要……就……"。

○ あなたが認めないかぎり、ここを離れることはできません。
○ 彼らの親であるかぎり、私はあなたたちの過ちを責める権利があります。

3. ～なり

此为接尾词，接在体言后，表示"与……相符"。
○ 子供には子供なりの考えがあります。
○ 人はそれぞれ自分なりの人生を生きています。

4. ～かねる

接在动词连用形后，与该动词构成复合动词，表示由于某种心理或情理上的理由而难以做到某事。意为"难以……"。其否定形式「かねない」则表示"也有可能，说不定"。
○ どの大学に行くか決めかねて、先生に相談することにしました。
○ コンピュータばかり使っていると、漢字の書き方を忘れかねません。

練習I 本文の内容に沿って、次の質問に答えなさい。1、2、3、4から最も適当なものを一つ選びなさい。

問題 1.「お志だけで結構です」という文と対立する意味になるのは、どれですか。
 1. 具体的な要求を明示する。
 2. よろしく心を配って欲しいと頼む。
 3. 相手に迷惑がかからないように頼む。
 4. でき得る範囲内で力を貸して欲しいと依頼する。

問題 2.「そのような判断」とは、どのようなことですか。
 1. 相手の要求をうけいれるかどうかを決めること。

2. 出迎え、ホテルの予約、案内などを全部やってあげること。
   3. 実際に何をすればいいかを考えて決めること。
   4. 「何もしない」と決めること。
問題3.「甘えすぎであり、虫がよすぎる、と思った」のは、どうしてですか。
   1. 人にあれこれ要求を受け入れるかどうかを決めるべきでないから。
   2. 自分で考える努力をしないのは、時には、無礼になりかねないから。
   3. あれこれ面倒なことを押し付けるのは人に迷惑をかけるから。
   4. 何をして欲しいかすぐわかるような要求をしないから。

練習Ⅱ 次の文章を読んで、質問に答えなさい。

　動物の顔は、もともと生きるためにありました。（　ア　）人間は、単にいきているのではなくて、社会生活も営んでいます。そして、その社会生活を営むために必要ないろいろな要素もまた顔に集中してしまったのです。
　顔は、生きるためだけではなくて、ほかにもいろいろな役割を持っています。その一つはその人を識別するための手がかりとしての役割です。（　イ　）、その人が男であるか、女であるか、何歳ぐらいであるか、ということがだいたい見当がつきます。中には見当がつかない人もいますが、要するに一種の「（　ウ　）」を顔は担っているのです。知っている人であれば、顔を見ればその人の名前もわかるでしょう。また、どこの国の人か、日本人なのか、西洋人なのか、あるいは顔を見ることによって、やはりこの二人は親子だなあという実感をもつこともあります。

問題 1.（　ア　）に入れるのに適当な言葉はどれですか。
　　1. ところが　　2. つまり　　3. さて　　4. たとえば

問題 2.（　イ　）に入れるのに適当な言葉はどれですか。
　　1. 顔を見れば　　　　　2. 顔のせいで
　　3. 顔にとって　　　　　4. 顔を見ても

問題 3.（　ウ　）には何が入りますか。
　　1. 社会のための役割　　2. 生活のための役割
　　3. 信号としての役割　　4. 証明書としての役割

問題 4. 筆者は顔についてどのように考えていますか。
　　1. 社会生活のために必要な要素が顔に集中していることは問題だ。
　　2. 顔は、生きるためのほかに、人の外見を見分けるための働きももっている。
　　3. 顔は、生きるためにあり、人を識別するという働きは余り大切ではない。
　　4. 顔は、生きるためにあるのではなく、人を識別するという働きのためにある。

日本の道のガイド

○ 山口県

錦帯橋は岩国のシンボル

　山口県は本州の西端にあり、三方を海に囲まれています。北は日本海、南は瀬戸内海、西は響灘(ひびきなだ)に面し、九州とは関門トンネルでつながっています。気候は南部が瀬戸内式気候で温暖少雨ですが、北部は日本海岸式気候で、山間部(さんかんぶ)は冬の積雪も多いです。

　古くから歴史の舞台に登場する地域で、平家(へいけ)滅亡の地である壇の浦や、大内氏の支配のもとに栄えた山口市、毛利氏の城下町の萩市(はぎ)など、史跡が多いです。また、日本を代表するカルスト台地、世界有数の鐘乳洞(しょうにゅうどう)で知られる秋吉台もあります。

　錦河(にしきかわ)にかかる錦帯橋(きんたいきょう)は岩国のシンボルで、全長200メートル、5つのアーチが連なっています。日本で最も美しい橋のひとつです。

第14課　ものづくりのヒント

　まだ、小学校に入るか入らないころのことだ。映画を見終わって映画館の出口に立つと、街なかが夜の風景になっていた。ほんの少し前まで見ていた映画の興奮も手伝って、自分が今どこにいるのかが分からないような気持ちになり、泣き出しそうになってしまった。

　ふだんなら、ゆっくりと日が暮れていくのを感じながらすごしているため、映画を見ているあいだに時間がすぎていったことを、まだ小さかった私はうまく理解できなかったのだ。それは、まるで目隠しをされていて、はずすと知らないところにいて、知らない人に取り囲まれていた、そんな気持ちだったのだ。

　そんなことを何十年ぶりで思い出したのは、横浜にあるデパートのエレベーターに乗ったときだった。このエレベーターは、上の階にあがっていくにつれて、内部の照明が調光機構によって、だんだんと暗くなっていく。もちろん、どこの階にいるのかまでは分からないが、上のほうへ昇っていく変化をからだで感じることができる「アナログ感覚」がどこか心地よかった。

　シースルー型は別として、通常のエレベーターでは、方向と階数の表示を見て、どこにいるかを「理解する」ことはできるが、変化を「感じる」ことができない「デジタル感覚」だ。

　人はクルマや鉄道などに乗って、窓の外を流れる風景を見ながら、

自分が移動していることを感じたり楽しんだりしている。それが、人が移動するときの自然な姿だ。それはエレベーターも移動の道具、手段であるかぎり同じことが求められているはずだ。にもかかわらず、移動の結果だけしかわからないというのは、人の気持ちを少しばかりないがしろにしている。

デジタル時代と言われる現代だからこそ、「変化のプロセス」を楽しむことが出来るアナログ感覚を大切にすべきではないだろうか。それはエレベーターだけではなく、私たちの生活をとりまくいろいろな機器でも考えてみるべきだ。

ボタンさえ押せば、センサーとコンピューターがあれこれやってくれて、箱の中で何がどう変わっていくのかがわからないが、料理が美味しくでき上がる電子レンジ。そんな機械と付き合っていると、何か大切なことをわすれているような気がしてならない。

たしかに便利だが、ボタンを押し、あとは待つだけというのが、本当におもしろいとか楽しいことだろうか。

岸田能和「ものづくりのヒント」

単語

ものづくり ③	〔名〕	制作物件。
ヒント ①	〔名〕	启发。启示。暗示。
風景（ふうけい）①	〔名〕	风景，景色。情况。
興奮（こうふん）⓪	〔名・サ自〕	兴奋，激动。
日が暮れる（ひがくれる）⓪	〔词组〕	天暗下来。
目隠し（めかくし）②	〔名・サ自〕	蒙眼。捉迷藏。
はずす ⓪	〔他五〕	打开。解开。摘下。
取り囲む（とりかこむ）⓪④	〔他五〕	围，围拢。环绕。
照明（しょうめい）⓪	〔名・サ他〕	（舞台、摄影）照明。

調光機構（ちょうこうきこう）⑤	〔名〕	调光装置。
アナログ⓪	〔名〕	类似物。同源语。
感覚（かんかく）⓪	〔名〕	感觉，感受。
心地よい（ここちよい）④	〔形〕	舒适的，心情舒畅的。
シースルー④	〔名〕	看透，看穿。透明服装。
デジタル①	〔名〕	数字的。
鉄道（てつどう）⓪	〔名〕	铁道，铁路。
移動（いどう）⓪	〔名・サ自他〕	（位置）移动。迁移。
ないがしろ⓪	〔形動〕	视若无睹。轻视。
プロセス②	〔名〕	经过，过程。
とりまく⓪③	〔五他〕	包围，围绕。拍马屁。
機器（きき）①②	〔名〕	机器。器具。器械。
センサー①	〔名〕	传感器。感应装置。

1. ～につれて

接在体言、动词连体形后，表示前项进展的同时，后项也随着进展。前后项为笼统的比例关系。意为"随着……"。

　○ 車が増えるにつれて、汚染もひどくなってきました。
　○ 時間が経つにつれて、昔のことはだんだん忘れるようになりました。

2. ～は別として

接在体言或助词后，表示排除其他，与句型「のほかに」相近，意为"除……外"。该句型还表示"姑且不说，另当别论"等意思，强调前项并不是重点，后项更需要关注。

　○ パリに5年間いた王さんは別として、うちの会社にはほかにフランス語ができる人がいません。

○ 冗談は別として、この前話した件はどうなっているんですか。

3. ～にもかかわらず

接在简体句后，或体言、形容动词词干后，表示不受客观情况或条件的影响，也可以表示转折。意为"尽管……但是……"或"虽然……但是……"。

○ 不況にもかかわらず、優秀な人材は企業から引っ張りだこです。
○ あんなに注意したにもかかわらず、また同じミスを犯してしまいました。

4. ～からこそ

表示因果关系，强调原因，而这个原因是主观原因。意为"正因为……"。

○ 一日も休まず勉強に励んだからこそ、東大に入ることができたんですよ。
○ 親だからこそ、なぐってでも子どもの過ちを正させたいものですよ。

5. ～てならない

多用于情感类形容词后面，表示某种情感或情绪达到无法忍受的程度。意为"……得不得了；……得受不了"。

○ 東京での一人暮らしが寂しくてなりません。
○ 相手の無礼なやり方に腹が立ってなりません。

練習

練習I　本文の内容に沿って、次の質問に答えなさい。1、2、3、4から最も適当なものを一つ選びなさい。

問題 1.「そんなこと」とは何ですか。
　1. 幼いころ、目隠しをされて、はずすと知らないところにいたこと。

2. 幼いころ、ゆっくりと日が暮れていくのを感じながらすごしていたこと。
3. 幼いころ、映画館にいる間に時間がたったことが理解できず泣きそうになったこと。
4. 幼いころ、映画を見て興奮して自分が今どこにいるか分からず泣きそうになったこと。

問題2.「同じこと」とは何ですか。
1. 移動していることを体で感じること。
2. 自分が今どこにいるかを理解すること。
3. 移動するときに風景が見えること。
4. 自分が自然な姿でいること。

問題3. 筆者はなぜ「デジタル感覚」に批判的ですか。
1. ボタンさえ押せば、センサーとコンピューターがあれこれやってくれるから。
2. ボタンを押しさえすれば、あとは待つだけだから。
3. ボタンを押すだけで結果が得られても何か大切なことを見失っている気がするから。
4. ボタンを押すだけで結果が分かるのはエレベーターだけではなくいろいろあるから。

練習Ⅱ　次の文章を読んで、質問に答えなさい。

「定年になったら田舎へ帰って農業をしたい」などという人がいる。「都会は公害や騒音で人間の住むところではない」などとも言うが、こういう人が田舎で暮らすようになる確率はきわめて低い。

「子どもが手を離れたらスペイン語を勉強したい」と言うような言葉も、余り信用できない。もちろん実現する人もあるだろうが、そういう人は、あちらこちらで、そんな話をして歩かないものだ。

一般的に言って、「○○したいんだけど、今は××だからできない」と言う人は、いつまでたっても何もしないという傾向がある。そういう人たちは、今「希望」を述べることが必要なのであって、それが実現できるかどうかは二の次である。

問題1.「そういう人」とはどんな人ですか。
  1. 希望を実現させる人。
  2. 今は子どもの世話で忙しい人。
  3. スペイン語を勉強したい人。
  4. 信用できないことばを言う人。

問題2. この文章の内容とあっていろものはどれですか。
  1. 将来○○したいと思っていても、実現しない場合が多い。
  2.「今は××だからできない」と言う人は、希望実現のためによく働く。
  3. 今はできないがいつか○○したいと言う人は、ほんとに○○したいというわけではない。
  4. ○○したいと希望を述べても実現できるとは限らない。

日本の道のガイド

広島県

広島県の宮島の鳥居

　広島県は瀬戸内海にのぞんでいます。広島といえば原爆を思い浮かべる人が多いでしょう。広島は中国地方最大の都市で、つねに中国地方の政治、経済の中心地としての役割を果たしてきました。しかし1945年8月6日原爆が落とされ、広島は世界中で知られるようになります。原爆ドームは1996年世界遺産に登録されました。原爆ドームは戦争の恐ろしさと平和の尊さを訴え続けています。

　広島は古くから栄えた地域で、厳島神社（いつくしまじんじゃ）や広島城などの史跡も多いです。穏やかな瀬戸内海にはたくさんのうつくしい島が点在しています。宮島（みやじま）は瀬戸内海に浮かぶ島で、厳島とも呼ばれています。厳島神社は20以上の建物が長く曲がりくねった廊下でつながっており、満潮時には建物全体が海に浮かんでいるように見えます。その景色は「日本三景」の一つに数えられています。

第15課　20代で読むヒト学ココロ学……

　もう20年近く、会社の採用面接にかかわってきた。採用する側としてある意味では強い立場でお会いしているわけで、気づかないうちに失礼な言動がなかったかどうかと一抹の不安がいまに残る。

　ある年のことであった。言葉数は必ずしも十分と言えなかったが、それでも自分の思っていることはしっかりと表現できるといった感じの、腰の据わった男が地方から上京して試験を受けた。大体においてこういう男は買いである。比較的和やかな雰囲気のうちに面接が進み、何気なく「お父さんと就職のことなどでいろいろ相談したりしますか。よく話し合ったりしますか」という質問を面接官の誰かがした。

　彼はしばらく考えた後で、「いいえ話し合いません」ときっぱりとした感じで答えた。どうしてなのか、一瞬、面接する側の何人かが注意を集中する空気になるのがわかる。

　親子の間で断絶があるのか、そういう人間関係をつくってしまう要素が彼の側にあるのか、こういうときに我々が発動させる想像力というのは大体そういったものだ。

　彼は、どういう言葉で自分の思いをあらわすべきか、考えあぐねるというような様子でずいぶん間をとった後、ほとんどぽつんという感じで「なぜかというと、父はとても無口なんです」と答えた。かすかな笑い声とともに、ほっとした空気がその場を支配した。

「面接学」という小さいが一つの研究ジャンルがあり、さまざまな研究成果が発表されている。たとえば、「採用しよう」とか「やめよう」という一人の面接官の内部での心象が固まるのが、面接をはじめてからほぼ3分以内であるという測定的な事実が発見されている。

また、その心象を決める決定的な要因は、どうも「話されている言語的内容」ではなく、顔形や服装、態度、ものごし、口のきき方、言語の使い方、目つき、表情といったような「非言語的な情報」の方にあるらしいということもわかってきている。

多分、人が面接という場面で自分の意思に関係なく露出しているものは、驚くほど深くまた広いのである。

画家が持てる感性のすべてを一幅の絵画に凝縮させるように、我々は自分が経験してきた時間の全てのエキスのようなものを、わずかな時間の間に期せずして表現しているのだ。男の顔は、履歴書であるという本当の意味はそのあたりにある。

面接のノウハウという言葉はだから意味をなさないのである。

清水祐三「20代で読むヒト学ココロ学」

単語

採用（さいよう）⓪	〔名・サ他〕	采用。录用。
言動（げんどう）⓪	〔名〕	言行。
一抹（いちまつ）⓪	〔名〕	一点点。一抹。
不安（ふあん）⓪	〔名・形動〕	不安，担心，焦虑。
据わる（すわる）⓪	〔五自〕	镇定，沉着。
上京（じょうきょう）⓪	〔名・サ自〕	进京（指从地方去京城）。
比較的（ひかくてき）⓪	〔副〕	比较地。
和やか（なごやか）②	〔形動〕	平静。和睦。柔和。
何気ない（なにげない）④	〔形〕	若无其事的。无意的。

きっぱり ③	〔副〕	断然。十脆。
集中（しゅうちゅう）⓪	〔名・サ自他〕	集中。
断絶（だんぜつ）⓪	〔名・サ自他〕	断绝。绝灭。消灭。
要素（ようそ）①	〔名〕	要素。因素。
発動（はつどう）⓪	〔名・サ自他〕	发动。启动。动用。
想像力（そうぞうりょく）③	〔名〕	想象力。
ぽつんと ②	〔副〕	只说一句。嘟囔一句。
無口（むくち）①	〔名・形動〕	沉默寡言，话语少。
微か（かすか）①	〔形動〕	微弱。略微。
支配（しはい）①	〔名・サ他〕	统治。支配。制约。
ジャンル ①	〔名〕	类别，分类。体裁。流派，风格。
心像（しんぞう）⓪	〔名〕	意象。表象。
固まる（かたまる）⓪	〔五自〕	固定。确定。
顔形（かおかたち）⓪③	〔名〕	脸庞，容貌，相貌。
物腰（ものごし）⓪②	〔名〕	言谈，言语。
目つき（めつき）①	〔名〕	眼神。
露出（ろしゅつ）⓪	〔名・サ自他〕	露出。暴露。外露。
画家（がか）⓪	〔名〕	画家。
凝縮（ぎょうしゅく）⓪	〔名・サ自〕	凝缩。凝结。
エキス ①	〔名〕	精华。最好。
期する（きする）②	〔サ他〕	决定期限。期待。
ノウハウ ①	〔名〕	技术窍门。要领。

文型と表現

1. ～あぐねる

接在动词连用形后，以接尾词的形式表示"厌烦，厌倦"等意。

○ どの大学に行こうか、考えあぐねます。

○ 上司が厳しいので、仕事を止めようかと思いあぐねます。

2. ～なぜかというと

用于因果关系，表示"之所以……是因为"。

○ 彼が犯人であるはずがありません。なぜかというと、その時彼は私と酒を飲んでいたからです。

○ みんな王君と付き合いたがりません。なぜかというと、彼はいつも自己中心的に振舞うからです。

3. ～ずして

表示在没有实现前项的情况下，后项也不能成立。意为"不……"。

○ 労せずしてどうして手に入れられると思っているんですか。

○ 平凡な暮らしの中にこそ幸せがあると言わずしてなんでしょう。

練習Ⅰ　本文の内容に沿って、次の質問に答えなさい。1、2、3、4から最も適当なものを一つ選びなさい。

問題1.「彼」はどんな男ですか。

1. 言葉数が少なく、無口ではっきりしない男。
2. 父親と似ているが、自分の考えをはっきりと言うため、父親と仲が悪い男。
3. おしゃべりではないが自分の考えははっきり伝えられる、落ち着いた男。

4. 穏やかでしっかりしているのに、人間関係を壊しやすい性格を持った男。

問題 2.「ほっとした空気がその場を支配した」のはなぜですか。
   1. 面接官の質問が失礼な言動ではなかったことがわかったから。
   2. 彼の家族関係や性格に問題があるのではないかという疑いが晴れたから。
   3. よさそうな青年だが、実は性格に問題があるということがわかったから。
   4. 彼がよく考えてから、面接官が安心するような正しい答えをいったから。

問題 3.「自分で経験してきた時間の全てのエキスのようなもの」とは何ですか。
   1. 学校や本で学んだ学問的知識。
   2. 語ったことの主旨。
   3. 生活環境や生き方。
   4. 身につけた面接のノウハウ。

練習Ⅱ 次の文章を読んで、質問に答えなさい。

　10年ほど前のことだ。ペット店で子犬のプードルを買った。当時はハスキー犬が大人気で、「30万円ローン可」と書かれていたのを覚えている。しかし、大型犬では家の広さの心配もあるし、値段などを考え、プードルにしたのだった。

　その子犬には一応血統書もあり、立派な名前も書かれてあったのだが、呼びやすい愛称をつけて我が家に迎えた。血統書のあるなしにかかわらず、子犬が家族の一員となったことに家族は皆、満足していた。しかし、その2年後、自宅近くで生後6ヶ月ぐらいの雑種の捨て犬を娘が拾ってきた。そして、そのまた半年後、近くの公園で捨てら

れていた雑種犬を保護、とうとう3匹になってしまった。

（ ① ）子犬の時だけ飼って、その後はジュースの空き缶でも捨てるような感覚で犬を捨てていくなんて。私は、このことで、不幸な犬がたくさんいることを知った。そして、生きものには種類や血統書などは一切必要ないと強く思うようになった。

問題1.（ ① ）に入るのはどれですか。
　1. こうして　　　　2. それよりは
　3. それにしても　　4. ところが

問題2.「このこと」とは何のことですか。
　1. 雑種の犬には血統書が必要ないこと。
　2. 自宅近くで捨て犬を保護したこと。
　3. ペット店でプードルやハスキー犬などの血統書付きの犬が売られていたこと。
　4. ハスキー犬のような高い犬に人気があって、プードルに人気がなかったこと。

日本の道のガイド

島根県

出雲大社本殿（千木のある建物が本殿）

　島根県は日本の中国地方の日本海側にあり、山陰地方の西部をなす県です。北は日本海に面し、南は中国山地を境として広島県に接する東西に細長い県です。県庁所在地は松江市で、離島の隠岐島、竹島なども、島根県に含まれています。旧国名は出雲国、石見国、隠岐国であり、現在でも出雲、石見、隠岐という三つの地域に分けられています。

　出雲、石見、隠岐からなる島根県は「古事記」「日本書紀」などに数々の神話が残され、なかでも出雲地方は日本神話の舞台となった地域です。日本最古の神社の一つである出雲大社があり、古代から開けていたようです。実際に遺跡も多く発掘され、近年、考古学的にも注目を浴びています。

第16課　ほんとうのあいさつ

　子供のころ、わたしは、母や近所のおばさんたちが、「うちの子はまだごあいさつもできませんで……。」などと言っているのを聞いて、どうしてあんなことを気にするのだろうと、不思議に思っていた。大きくなってからも、大人の人たちが「あの人のあいさつはりっぱだ」とか、「あの人はあいさつのしかたも知らない」とか言っているのを聞くと、たいした意味もないことを、どうしてそんなに問題にするのだろうと、おかしく感じていた、天気がいいとか悪いとかいうような、わかりきったことを言い合うよりも、お互いに誠意を持っていることこそ大事なのではないか、誠意はだまっていても通じるはずだ、と決めこんでいた。

　わたしはその後、学校を出て、ある中学校の教師になった。その学校へ行ってまず驚いたことは、先生も生徒も、朝、顔を合わせると、「おはようございます」帰るときは、「さようなら」と。必ず声に出してあいさつしていることだった。

　それまで私は、知っている人に会うとだまって頭を下げ、親しい友人には「やあ」と言うか、会釈をするぐらいのものだった。が、生徒や同僚たちが明るくあいさつしあっているところを見ると、いつの間にか、こういうあいさつをするのも意味のあることだと感じられてきた。しかし、ほかの人たちと同じように、「おはよう」や「さような

ら」を声に出していおうとしてみると、それはなかなか容易なことではない。かんたんな言葉だと思っていた「おはよう」や「さよなら」が、簡単に言えない。第一、容易に声が出ない。思いきって言ってみても、なんというあやふやな「おはよう」であろう。それに比べて、同僚や生徒の「おはよう」は実にはっきりしていて気持ちがいい。私は、なるほど「おはよう」にも、りっぱなのとそうでないのとがあると、はじめて気がついた。

　きまりの悪い思いをしながら毎日努力して言っているうちに、だんだん、私にもはっきりいえるようになってきた。それといっしょに、声に出して言うほんとうに明るいあいさつは、決して口先だけでできるものではない。心の真実が、そのまま身の構えになり、声になったものこそほんとうのあいさつである、ということがわかってきた。

西尾実「あすを開く1」

単語

近所（きんじょ）①	〔名〕	近处。近邻。
気にする（きにする）⓪	〔词组〕	在乎，介意。
大した（たいした）①	〔连体〕	了不起。出奇的。惊人的。
分かりきった（わかりきった）⓪	〔连语〕	全明白。当然的。
誠意（せいい）①	〔名〕	诚意。没有虚情假意的心。
黙る（だまる）②	〔五自〕	沉默，默不作声。
決め込む（きめこむ）③	〔五他〕	认定。自以为是。横下心去做。
顔を合わせる（かおをあわせる）⓪＋③	〔词组〕	见面。(在比赛中）对阵。
同僚（どうりょう）⓪	〔名〕	同僚，同事。
思い切る（おもいきる）④	〔五他〕	死心。想开。下定决心。
あやふや⓪	〔形动〕	暧昧。含糊不清。

初めて（はじめて）②	〔副〕	第一次。好不容易。终于。
きまりが悪い（きまりがわるい）⓪＋② 〔词组〕		碍面子。难为情。
だんだん⓪	〔副〕	渐渐，逐渐。
口先（くちさき）⓪	〔名〕	嘴边。口头上。
真実（しんじつ）①	〔名・副〕	真实。实在。由衷地。

1. なかなか～ない

接在动词未然形后，意为"怎么也不……；总也不……"。

○ いくら聞いてもなかなか教えてくれない。

○ 待っていたバスがなかなか来なかったので、パーティーに遅れてしまった。

2. 決して～ない

接在动词未然形后，表示加强语气，或是强调自己的强烈决心、意志等。意为"绝不……"。

○ あなたのことは決して忘れないでしょう。

○ 人前でそんな馬鹿なことは決して言うな。

練習I 本文の内容に沿って、次の質問に答えなさい。1、2、3、4から最も適当なものを一つ選びなさい。

問題1. 誰が「大きくなってからも」おかしく感じているのですか。

1. 近所の子。
2. 近所のおばさん。
3. 筆者。
4. 大人のひとたち。

問題 2. ここでいう「たいした意味もないこと」とは何ですか。
1. 子供はまだあいさつができないこと。
2. あいさつのしかた。
3. 天気。
4. お互いに誠意をもっていること。

問題 3.「簡単に言えない」のはどうしてですか。
1. むずかしいことばだから。
2. 今まであいさつをしたことがないから。
3. あいさつは必要ないから。
4. 声にだすあいさつは意味がないと思っていたから。

問題 4.「きまりの悪い思いをしながら」とありますが、どんな意味ですか。
1. 気持ちが悪いと思いながら。
2. 恥ずかしいと思いながら。
3. 言いたくないと思いながら。
4. きまった言い方がないと思いながら。

練習Ⅱ 次の文章を読んで、質問に答えなさい。

夜道を照らす街灯や、庭などに置いてある電灯に明かりが灯ると、どこからともなくたくさんの蛾が集まってきます。都市部ではあまり見られませんが、台所や部屋の網戸などに張りついていることもあります。

とくにえさがあるわけでもないのに、明かりに寄ってきてはくるくる舞い飛ぶ蛾。どうして蛾たちはこのような不思議な行動をするのでしょう。これには二つの説があります。

夜に行動する夜行性の蛾たちには、コウモリというこわい敵がいます。自分たちを捕食するコウモリから逃れるためには、コウモリが嫌

う明るい場所にいるのがもっとも安全だと考え、夜になると明かりに寄ってくるという説がひとつ。

　もうひとつは、それよりもちょっと有力です。

　夜、蛾たちは月や星の光を目安に飛んでいます。どちらかの光をつねに一方の側にみていれば、まっすぐに飛べるからです。ところが、街灯などの明かりや星とちがってすぐ近くにあります。そのため、いったん明かりのそばに寄ってしまうと、（　　　）。光を片側に見ながら飛ぼうとすれば、くるくると光源の周りを舞うことになってしまうというわけです。

問題1.「このような不思議な行動」とありますが、どのような行動ですか。
  1. 都会の民家の網戸に張りつく。
  2. 星や月の光を見ながら飛ぶ。
  3. 明かりの周りを飛び続ける。
  4. 夜になるとえさを探す。

問題2.「それよりもちょっと有力」とありますが、「それ」とはどんな説を指すのですか。
  1. コウモリから逃げるため明かりに寄ってくるという説。
  2. 明るい場所が好きなので電灯のそばに来るという説。
  3. 明るいところにえさがあることを知っているという説。
  4. 月や星の光を目安に飛んでいるという説。

問題3.（　　）に入れるのに適当な言葉はどれですか。
  1. 光から、離れがたくなってしまいます。
  2. 月や星にもまして街灯が明るいのです。
  3. もうまっすぐに飛ぶことはできません。
  4. コウモリに捕食される心配がありません。

日本の道のガイド

岡山県

後楽園

　岡山県は中国地方の南東部にあって近畿地方に接し、瀬戸内海に面しています。温暖な気候と豊かな自然に恵まれ、古くから開けていた地域で、古代には吉備国という有力な国がありました。今も遺跡や古墳が多く発見されています。

　西大寺(さいだいじ)は8世紀に造られた寺です。西大寺会陽(えよう)は裸祭りとして知られる県下最大の行事です。深夜、3000人もの男たちが2本の宝木(ほうぎ)と呼ばれる小さな木を奪い合います。これを取った人には幸福がくるといわれています。

　後楽園は岡山城のすぐそばにあります。兼六園(けんろくえん)（石川県）、偕楽園(かいらくえん)（茨城県）と共に日本三名園の一つです。広い芝生の中に池と山が配置されています。

第17課　本を読むということ

　ある本を読んで複雑な気持ちになった。この本には「毎朝10分、本を読んだ女子高生たち」と副題らしきものがついているが、要するに、ある私立女子高校で、始業前の10分間、毎日読書させた結果、遅刻も減って、生徒たちが本好きになったという教育報告である。どうしてこのような「朝の読書」を実践したのか、教師側の座談会や、卒業前の一クラス全員の感想文もついている。それによると、読書は強制するものではないという意見に対して、読書の動機づけは必要なのではないか、最初の環境の整備こそ教育の役割で、あとは自分で習慣になるという。

　生徒たちの感想文を読むと、これまでコンビニで漫画雑誌や週刊誌をみるだけの自分が、進学校の生徒と同様に本屋さんに行き、対等に本を探しているのが誇らしいという意見や、成長した自分を感じるという意見が並んでいる。

　気になるところはあるが、教育実践としては評価すべきことなのだと思う。少なくとも教師が生徒たちのことを真剣に考えている様子が行間から伝わってくる。荒廃した教育の現場を思えば、これは特筆すべきことだろう。したがって、この「朝の読書」実践教育にケチをつけるものではない。それに、読書がたしかに習慣であることも否定できないのだ。

というのは、根本の疑問として、本を読むことが本当に素晴らしいことなのか、ということがあるのだ。読書好きの人間が素晴らしい人格者とは思えないのは、本好きで、しかも嫌な人間を多く知っているからである。本を読む人と読まない人の中に、素晴らしい人間と嫌な人間がいる比率は同じようなものだ。人間形成、たしかに読書は役立つかもしれない。結果としてタメになるかもしれない。しかし、逆はけっして真ではない。きっかけがなければ本を読まないではないかという意見には、本は読まないでもいいのだと答えよう。我々は好きだから読んでいるにすぎない。

　以前もことだが、繰り返す。本は必ずしも役立つものではない。むしろそういう有用性から毅然と自立しているこそ素晴らしいのである。ところが、本はとにかくタメになるという活字信仰が、逆に自由な空間から外に本を追いやっているのが現状のようで、その幻想こそが活字離れを生んでいるのではないか。

「本を読むということ」「本の雑誌」

複雑（ふくざつ）⓪	〔名・形動〕	复杂。
要するに（ようするに）③	〔副〕	总而言之，简言之。
読書（どくしょ）①	〔名・サ自〕	读书，看书。
感想文（かんそうぶん）⓪	〔名〕	感想文。
強制（きょうせい）⓪	〔名・サ他〕	强制，逼迫。
～づけ	〔接尾〕	表示习惯，……惯了。
コンビニ⓪	〔名〕	便利店。
誇らしい（ほこらしい）④	〔形〕	洋洋得意，自鸣得意。
行間（ぎょうかん）⓪	〔名〕	行间。字行的间隔。字里行间。

荒廃（こうはい）⓪	〔名・サ自〕	荒废。颓废。
特筆（とくひつ）⓪	〔名・サ他〕	特别书写。大书特书。
したがって ⑤	〔接〕	从而，因而。
ケチをつける ①+②	〔词组〕	说丧气话。专挑毛病。
役立つ（やくだつ）③	〔自五〕	起作用，有用。
信仰（しんこう）⓪	〔名・サ他〕	信仰，信奉。
幻想（げんそう）⓪	〔名・サ他〕	幻想。

1. ～のは～からだ

以「名词、用言连体形＋のは短句＋からだ」的形式出现，表示原因。意为"之所以……是由于……"。

○ 試験に落ちたのは勉強しなかったからです。

○ 今日こんなに波が高いのは台風が近づいているからです。

2. ～こそ

接在名词后，强调某事物，表示"不是别的，这才是……"。

○ 今年こそ「源氏物語」を終わりまで読むぞ。

○ 団結こそ力です。

練習I　本文の内容に沿って、次の質問に答えなさい。1、2、3、4から最も適当なものを一つ選びなさい。

問題1.「朝の読書」を実践した教師たちの意見は、次のどれですか。

　1. 読書は強制するものではない。

　2. 読書を習慣にするには動機づけが必要である。

3. 教育論と読書論はことなる。
   4. 読書好きの人間が素晴らしい人格者だと言えない。

問題2. 「気になるところはあるが」とありますが、それはなぜだと考えられますか。
   1. この実践をした教師が、生徒たちのことを真剣に考えているから。
   2. この実践が「読書は素晴らしい」という前提にたっているから。
   3. 読書が習慣であることは否定できないから。
   4. 読書は人間形成に全く役に立たないから。

問題3. 「有用性から毅然と自立している」とは、どういうことですか。
   1. 役に立つかどうか、とは別の価値を持つということ。
   2. 役に立たないことにこそ価値があるということ。
   3. 役に立つことははっきりしているということ。
   4. 役に立つ以上の価値があるということ。

練習Ⅱ 次の文章を読んで、質問に答えなさい。

　春の陽気に誘われて神田の古本屋街に足を延ばした。ある書店で前から読みたかった一冊の文庫本を見つけた。書き込みがあるが「100円均一」につられて手をだしたのである。

　腹が立ったのは「105円だった」からではない。それを看板に書いておいてほしいことだ。あいにく10円玉がなく、ポケットの小銭入れが膨れ上がったのも立腹した一因だった。古書店は店によって内税、外税ばらばらだ。新刊本も出版会社の裁量で値札がつけられているのだ。

　あれは消費税（当時税率3％）が実施された15年前の4月1日のあ

る新聞の社会面だった。小学生が100円のノートを買うのに3円足りないと学校近くの文房具店で泣きべそを書いているという記事である。総額の税込み価格が表示されていないことへ問題提起だったのか。それなら随分長い間放置していたものだ。

　4月からようやく消費税込みの「総額表示」とすることが義務づけられるそうだ。小売業者などの不満は強いしコストもかかる。それも理解できないことはない。だが、消費税は消費者が支払う税である。「売る側の論理」も大事だが、もっと「買う側の論理」を尊重していただきたい。

問題1. 筆者は何に「腹が立った」のですか。
1. 前から読みたかった文庫本に書き込みがあったこと。
2. 値段に105円と書いていなかったこと。
3. 10円玉がなかったこと。
4. 消費税が5％になったこと。

問題2.「泣きべそを書いている」のはどうしてですか。
1. 小学生は97円しか持っていなかったから。
2. 小学生は103円しか持っていなかったから。
3. 小学生が持っていた100円では買えなかったから。
4. 小学生が買おうと思った100円のノートは売り切れていたから。

問題3.「買う側論理」とは何ですか。
1. 小銭が残らないように値段をつけるべきだ。
2. いくら払わなければならないのか明記しておくべきだ。
3. 内税と外税がわかるように書いておくべきだ。
4. 消費税はやめるべき。

日本の道のガイド……………………………

鳥取県

鳥取砂丘

　鳥取県は中国地方の日本海に面した小県(しょうけん)で、人口は全国一少ないです。また、県民所得や財政規模なども最も低いグループに入り、後進県の感はぬぐいきれません。しかし、鳥取県には有名な日本一が三つあります。まず一つ砂丘。
　日本一大きい砂丘に足を踏み入れると、砂漠が無限に広がっているように見え、それは美しい光景です。二つ目は、ナシの生産量で、鳥取特産の「20世紀ナシ」はそのしゃきっとした食感で、21世紀になった今日でも、生産量日本一の座を譲ることはありません。三つ目は、人口の少なさです。鳥取県は人口約60万人と、日本一人口が少ない県なのですが、そのぶん鳥取の人々の連帯感は強く、素朴で人情深い人が多いようです。

第18課　ボランティア　もう一つの情報社会

　ボランティアは、規則にしたがって、決められたことを決められた相手とするのではないので、行動をする過程でつぎつぎと、予期しない、いろいろな人とかかわることになる。実際、ボランティアが行動を起こすとき、たいていの場合、さまざまな人に協力を要請することになる。そのプロセスで、「面倒臭いことを頼むな」と文句をいう人もいれば、結構興味を持ってのってくれる人もいれば、こちらから頼まないのに思わぬ親切をしてくれる人も出てくる。

　その「結構興味を持ってのってくれる人」や「思わぬ親切してくれる人」があなたに呼応していたというわけだ。したがって、あなたはそのタイミングを捕まえて、ひとことお礼をいうなり、気持ちを伝えるなりすることで、その人とつながりがつけられる。ボランティアの目指している「つながりのプロセス」における「相手」というのははじめからこの人、と決まった特定の人とは限らないというわけだ。

　個人的な体験をひとつお話ししよう。私はアメリカに10年以上いたが、あるとき、住んでいたアパートの建物が、夜中のうちに全焼したということがあった。さいわい、けが人は出なかったのだが、私をはじめ、数十家族が、文字通り、着のみ着のまま焼け出された。

　そのとき、アパートの建物のとなりのレストランに、いつのまにか、「臨時避難所」が設けられ、数人の人が、コーヒーを入れてくれ

たり、話しかけたりしてくれた。また、宿泊券を渡してくれて、ホテルまで車で送ってくれたりした。自分の住んでいる場所が火の手に包まれ、焼け落ちるという光景を目にするのは、不安で、心細いものだ。そんなとき、一杯のコーヒーと、何気ない会話を提供してもらうことは、想像するより大きな助けである。

そのときは、気が動転していて気がつかなかったが、今から思うと、真夜中というのに飛び出してきて、いろいろと世話をしてくれたあの人たちは、ボランティアに違いない。

今から、その人たちを探し出し、お礼をすることに、あまり意味はないだろう。彼らも、それを望まないであろう。そのかわり、私は、今、日本にいる外国人の相談にのるなどしているというわけだ。その人たちが、いつか、日本で、または、その人の母国で、何か、誰かの役に立つことがあれば、世界規模のネットワークがつながることになる。

金子郁容「もう一つの情報社会」

規則（きそく）②	〔名〕	规则。规章。
相手（あいて）③	〔名〕	对方。对象。伙伴。
つぎつぎ ⓪	〔副〕	连续不断。一个接一个。
予期（よき）①⓪	〔名・サ他〕	预期。预想。意料。
関わる（かかわる）⓪③	〔五自〕	有关系。涉及到。
要請（ようせい）⓪	〔名・サ他〕	要求。请求。
面倒臭い（めんどうくさい）⑤	〔形〕	太麻烦。麻烦极了。
文句（もんく）①	〔名〕	不满。意见。苦楚。
結構（けっこう）①	〔副・形动・名〕	相当。很好。可以。结构。
呼応（こおう）⓪	〔名・サ自〕	呼应。响应。配合。

タイミング ⓪	〔名〕	时机。
捕まえる（つかまえる）⓪	〔下一他〕	抓住。逮捕。
伝える（つたえる）⓪	〔下一他〕	通知。转告。传说。
目指す（めざす）②	〔五自〕	作为目标。朝着。
夜中（よなか）③	〔名〕	半夜。
全焼（ぜんしょう）⓪	〔名・サ自〕	全部烧毁。
幸い（さいわい）⓪	〔副・形动・名〕	幸亏。幸运。幸福。
着の身着のまま（きのみきのまま）②+⓪	〔词组〕	只有身上穿的一套衣服。
焼けだされる（やけだされる）⑤	〔下一自〕	被烧得无家可归。
設ける（もうける）③	〔下一他〕	设立。准备。
宿泊券（しゅくはくけん）④	〔名〕	住宿券。
渡す（わたす）⓪	〔五他〕	递给。交给。
包む（つつむ）②	〔五他〕	包围。包上。
焼け落ちる（やけおちる）④	〔下一自〕	烧塌。
目にする（めにする）①+⓪	〔词组〕	看到。
心細い（こころぼそい）⑤	〔形〕	胆怯。心中不安。
気がつく（きがつく）①+①	〔词组〕	注意到。察觉到。
母国（ぼこく）①	〔名〕	祖国。
規模（きぼ）①	〔名〕	规模。范围。
ネットワーク ④	〔名〕	网络。线路网。

～にしたがって

接在名词和动词原形后。

(1) 表示"根据……；按照……"。

　　○ 会議の決定にしたがって、来月から新しい商品の生産を開始す

ることになりました。

(2) 以「AにしたがってB」的形式出现，表示随着A的变化，B同时也在变化。主要表示A与B的因果关系。翻译为"随着……"或"……的同时"。另外也可用「～にしたがい」的形式。

○ 経済の発展にしたがって、人々の暮らしもよくなりました。
○ 年を取るにしたがい、目も悪くなりました。

練習Ⅰ 本文の内容に沿って、次の質問に答えなさい。1、2、3、4から最も適当なものを一つ選びなさい。

問題 1.「住んでいたアパートの建物が、夜中のうちに全焼した」とありますが、筆者やそのアパートの住民はどうなりました。
1. 私はだいじょうぶだったが、けが人が出た。荷物は持って出ることができた。
2. 私はけがをしたが、他の人はだいじょうぶだった。荷物は持って出られなかった。
3. 全員けがもなく、無事で、荷物も持って出ることができた。
4. 全員けがもなく、無事だったが、荷物は持って出ることができなかった。

問題 2. なぜ「気が動転して」いたのですか。
1. 自分の住んでいる場所が焼け落ちてしまったから。
2. ホテルに行かなければならなくなったから。
3. いつ「臨時避難所」が設けられたかわからなかったから。
4. 話しかけてくれたことばの内容を覚えていなかったから。

問題 3. 筆者はボランティアについてどのように考えていますか。
1. ボランティアの人たちには必ずお礼をしなければならない。

2. 助けてもらった人がほかの人を助ける立場になることが望まれる。
3. ボランティアの人たちはお礼を言われることを望んではいない。
4. 世界規模のボランティアを探し出したい。

練習Ⅱ　次の文章を読んで、質問に答えなさい。

　威張るのはよくないと思っている人が多い。しかし、威張るとは自分の役割に忠実になることである。そして役割に忠実になるとは、自分の権限と責任を自覚し、それを打ち出す勇気をもつということである。
　たとえばスチュワーデスが「お客さま、お煙草はサインが消えるまでお待ちいただけないでしょうか」というのは自分の責任に忠実な瞬間である。出すぎたことでもないし、生意気をいっているわけでもない。教授が学生に「レポートは事務室に提出のこと。拙宅に郵送しても採点しない」というのは教師の権限を発揮しているわけで、権威主義とか押しつけというわけではない。
　自分の役割を明確に打ち出さないから後で後悔したり、人に無視されたり、なめられたりするのである。遠慮は無用とはこのことである。
　ところが、給料は役割に払われていることの自覚がたりない人がいる。いつもにこにこして人の和を保っている好人物であるという理由で給料をもらっているわけではない。権限と責任を発揮するという契約を果たすからこそ給料をもらっている。つまり給料をもらうには気合いがかかっている必要がある。これを私は威張ることをためらうことなかれと少し極端に表現してみたのである。

問題 1. 「出すぎたことでもない」のはどんなことですか。
1. サインがついている間は煙草を吸わないように客に頼むこと。
2. サインが消えるまで煙草を吸いながら待つよう客に頼むこと。
3. サインが消えないうちに煙草を消すよう客に頼むこと。
4. 煙草のサインがつくまで待っているよう客に頼むこと。

問題 2. 「遠慮は無用」とはここではどういう意味ですか。
1. いつもにこにこして人の和を保つこと。
2. 自分の役割を自覚し、権限を発揮すること。
3. 責任を人に押しつけること。
4. 自分の役割に対する自覚が足りないこと。

問題 3. 文の内容にあうのはどれですか。
1. 威張って、権勢をふるうのはよくない。
2. 自分の権限と責任を発揮して威張るのはよい。
3. 給料をもらうためにはあまり威張るわけにはいかない。
4. 自分の役割を明確に打ち出しても威張ることができない。

日本の道のガイド

兵庫県

城崎温泉

　兵庫県は本州の両端の青森、山口を除いて日本海と太平洋に面する唯一の県です。北側を日本海に接し、南側を瀬戸内海に接する大きな県です。日本海側は海岸線が美しくて温泉が多く、中央の山地では牧畜が盛んです。神戸市は6大都市の一つとして早くから開け、日本を代表する国際貿易都市です。

　神戸市北野町には、明治、大正時代から、多くの外国人が住んでいました。古い洋風建築の家は、今「異人館」として、観光の名所になっています。姫路市の姫路城は世界遺産に指定されました。白い壁と優雅な形から「白鷺城」と呼ばれています。県北にある城崎温泉は千余年の歴史を持ち、古くは「但馬の湯」と呼ばれ、平安から南北朝にかけて、京都の貴族や文人の清遊の地であったため、「古今和歌集」や「徒然草」などにも紹介されています。近代にも多く文化人が訪れ、作品に紹介されています。なかでも志賀直哉の代表作「城の崎にて」と「暗夜行路」は城崎温泉を舞台にし、その名を全国に広めました。

　県庁所在地の神戸市は1995年1月の阪神淡路大震災で大きな被害を受けましたが、大震災で壊れた町並みも、新しく生まれ変わりつつあります。

第19課　しぐさの日本文化

少し年をとってふとおどろくことがある。意外なところで父親とよく似たしぐさをし、表情をしている。そのことを他人に指摘されて気づくこともあるし、われながら、とおどろくこともある。こういう経験はほとんど万人のものであろう。

若い時にはなるだけ他人とは異なっていたい——父親を他人というのはおかしいが、しかし、父親と違ったことをし、違った態度をとることで自分の特異性、ひいては独創性を発揮したいと願う人はけっして珍しくない。ところが、そういう人にしてからが、おやじの年齢になると、ふと自分とおやじとの相似に気づくことがある。それも、仕事とか業績とか、そんな大したことではなく、たとえば日常の身振りといったごく些細なことに、しばしばその種の相似を発見するのである。

これはどういうことだろうか。

人の性格は遺伝で決まるのか、それとも心理学者のいう初期が学習（幼少期の家庭環境などによる）で決まるのか。「氏より育ち」ということわざもあるが、遺伝と初期学習のそれぞれが性格形成にともに参与しているようである。

顔立ち、体格などの、個性のきわだった表現であり、またその基礎ともなるものは、おおむね、遺伝による。しかし、もう少し表層的な

身振り、しぐさなどは、多くは家庭での初期学習によるものである。何気ない父親の振舞い、母親の物腰というものが、いつのまにか私たちのからだにしみつき、それは心の奥深くにはいって、性格を形づくり、また性格の表現である身振り、しぐさというものを規定してゆく。それはほとんど無意識のうちに形成されるので、とくに若い時、つまり意識の統制のきびしいときには抑圧されていることが多いが、少し年をとって無意識の表出が活発になってくると、前述のようなおどろきとなり、確認となる。

人はいわば育ちをのがれられないのである。それとおなじく、一国の文化も育ちに似た無意識の部分をもち、これからのがれることはむずかしい。これをかりに、文化の中の身振り的部分、あるいはしぐさ的部分とよぶならば、この部分は、個人の育ちと同じく、模倣により成りたった部分である。

子どもが母親のしぐさをまねて成長するように、ある文化は、それをになう人々がたがいにたがいにをまねあうことによって、成りたつともいえる。生き方をまね、個性をまね、ことばをまねることはかなりやさしい。それは多くは意識の部分だからである。

それに反し、身振り、しぐさをまねることはそれほどたやすくはない。これは多くは無意識の部分によりかかっているからである。それだけによけい、後者のほうが変わりにくく、恒常的であるといえる。

多田道太郎「しぐさの日本文化」

しぐさ ①	〔名〕	动作。举止。
ふと ⓪①	〔副〕	偶然。突然。
驚く（おどろく）③	〔五自〕	惊讶，吃惊。
指摘（してき）⓪	〔名・サ他〕	指出。

我ながら（われながら）⑤③	〔副〕	自认为。
万人（ばんにん）〇③	〔名〕	万人，众人。
なるだけ 〇	〔副〕	尽量。尽可能。
異なる（ことなる）③	〔五自〕	不同，不一样。
特異性（とくいせい）〇	〔名〕	特别性。
独創性（どくそうせい）〇	〔名〕	独创性。
相似（そうじ）〇	〔名・サ他〕	相似，类似。
業績（ぎょうせき）〇	〔名〕	成就。成绩。业绩。
身振り（みぶり）①	〔名〕	姿态。动作。
些細（ささい）①	〔形動〕	小事，细微，琐碎。
しばしば ①	〔副〕	屡次，每每，常常。
顔立ち（かおだち）〇	〔名〕	容貌，相貌。
際立つ（きわだつ）③	〔五自〕	显著，显眼，突出。
おおむね 〇	〔副〕	大概，大体。
振る舞い（ふるまい）③	〔名〕	（行动）举止。动作。
奥深い（おくぶかい）④	〔形〕	深奥。幽深。
抑圧（よくあつ）〇	〔名・サ他〕	压制。压迫。
表明（ひょうめい）〇	〔名・サ他〕	表明，表示。
活発（かっぱつ）〇	〔形動〕	活泼，活跃。
いわば ①〇	〔副〕	譬如，说起来。
逃れる（のがれる）③	〔下一自〕	逃脱。逃避。
模倣（もほう）〇	〔名・サ他〕	模仿，效仿。
担う（になう）②	〔五他〕	肩负。承担。挑。
たやすい ③	〔形〕	容易。轻易，轻率。
寄りかかる（よりかかる）④	〔五自〕	依靠，依赖。
恒常（こうじょう）〇	〔名・形動〕	恒常。常例。

1. ～にしてからが

接在名词后，表示"从……来看"。

○ リーダーにしてからがやる気がないのだから、ほかの人たちがやるはずがありません。
○ 課長にしてからが事態を把握していないのだから、平の社員によく分からないのも無理はありません。

2. ～といった

接在体言后面，用于举例说明。意为"这种，这样的"。

○ 田中といったよくある名前。
○ 休みをとって旅行に行くといった余裕はありません。

練習I　本文の内容に沿って、次の質問に答えなさい。1、2、3、4から最も適当なものを一つ選びなさい。

問題1.「われながら、とおどろくこともある」の文は、「われながら」の後に省略されているものがあります。何が省略されているのですか。

1. 年をとったものだ。
2. 父親とよく似ている。
3. 他人に指摘されるとはおもわなかった。
4. よく気がつくことだ。

問題2.「抑圧されている」とありますが、何が抑圧されているのですか。

1. 意識の統制のきびしさ。

2. 無意識のうちに形成されること。
3. 奥深い心。
4. 性格や身振り、しぐさ。

問題 3. 「一国の文化も育ちに似た無意識の部分を持ち」とは、どういうことですか。
1. 文化は人間が意識しないうちに育っていくところがある。
2. 文化も人間の成長と同じように、無意識のうちに変わっていくところがある。
3. 無意識に身につけたしぐさは育ちであって、文化とは言えない部分である。
4. 文化も、人から人へ無意識のうちにまねられ、形成される面がある。

問題 4. 「変わりにくく、恒常的である」とありますが、それはなぜですか。
1. 子供は自然に成長するが、文化は意識して変えていくものだから。
2. 意識してまねしないかぎり成長しないから。
3. まねすることはむずかしいから。
4. 無意識のうちに身についていることだから。

練習Ⅱ 次の文章を読んで、質問に答えなさい。

　最近の人間は何をしたいか自分でもわからないという。それはヨーロッパでもアメリカでも日本と同じようである。西欧のいくつかの大学を訪れてみたが、そこでいつも「何かがしたいが何をしたいかわからない」ということを若者たちから聞いた。このことについてはヨーロッパから帰ってきた時すでにいろいろのところに書いた通りである。
　ではところでどうして自分でも自分が何をしたいかわからないのだ

ろうか。

　一口で言えば人間がぜいたくになったからである。

　つまり「何かをしたい」ということは同時に「何かを捨てる」ということであるのだ。人間は常に矛盾した欲望を持っている。Aという欲望はBという欲望と両立しない。両立しないけど二つの両立しない欲望を持っているということは人間の事実である。

　（中略）

　したがって「俺はこれをしよう」「俺はこれがしたい」ということは同時に「俺はこれをあきらめる」ということであるのだ。

　グズな人間というのはこのあきらめるということができない。したがって何をしようとしても、それと両立しない他の欲望がそれをセーブしてしまう。＋の欲望と－の欲望が一緒になってゼロになってしまうのである。

　あれもこれもと欲ばるからこそ、一体俺は自分でも自分が何をしたいのかわからなくなってしまう。

問題1.「このこと」は何を指していますか。
　1. ヨーロッパやアメリカは日本と同じだということ。
　2. 西欧のいくつかの大学を訪れたこと。
　3. ヨーロッパで、若者たちから何をしたいかわからないと聞いたこと。
　4. 最近の人間は二つの両立しない欲望をもっていること。

問題2.「ぜいたくになった」とありますが、文中の他の表現でこの内容を表わしているものはどれですか。
　1.「何かがしたいが何をしたいかわからない」ということ。
　2.「何かをすてる」ということ。
　3. 矛盾した欲望を持っているということ。
　4. あれもこれもと欲ばるということ。

問題3. どうして「グズな人間というのはこのあきらめるということができない」のですか。
1. 何をするのも遅い人間だから。
2. 決断ができない人間だから。
3. 役に立たない人間だから。
4. 行動をセーブする人間だから。

問題4.「＋の欲望と－の欲望が一緒になってゼロになってしまう」とありますが、どういう意味ですか。
1. 欲望が多すぎると、それを減らそうとして、逆に欲望がなくなる。
2. 明るい欲望と暗い欲望の両方を持つのが、普通の人間である。
3. 矛盾した他の欲望があるために、どの欲望も満たすことができない。
4. たくさんの欲望と一つの欲望がバランスを保っている。

日本の道のガイド

和歌山県

三段壁

　和歌山県は紀伊半島の南西部を占める県です。内陸部はほとんどが山地で、平野は海岸付近と紀ノ川の河口部にあるだけで、林業や柑橘類の栽培が盛んです。海岸部には美しい岩場や浜があります。串本にある橋杭岩(はしぐいいわ)は、橋を支える杭のように、岩が一直線にならんでいるます。よい港も多く、古くから漁業、海上交通の基地となっていました。白浜にある円月島は、美しい海浜と温泉で人気の町です。白浜(しろはま)温泉は関東の熱海(あたみ)、九州の別府(べっぷ)と並び称される関西第一の温泉保養地です。奈良時代から「紀温湯」などとよばれ、熊野街道(くまのかいどう)沿いの湯の町として栄え、歴代の天皇も何度が行幸(ぎょうこう)したほどの名湯です。温泉街は南国的な明るい風景に満ち、付近は円月島(えんつきしま)、三段壁(さんだんかべ)、千畳敷(せんじょうじき)などの海の景勝地に恵まれています。

第20課　かけがえのないもの------

　生老病死をなぜかみな嫌がります。できれば考えたくない。そこでどうするかというと、たとえば人間が生まれるのも特別なことだから、病院へ行ってくれというのです。そうして、お産は現在ほとんど病院で行われている。

　生老病死の最後の死ぬところですが、これも都会ではもう90％、いや99％の人が病院で亡くなります。私の母は、95年の3月、自宅で死にましたが、いつの間にか死んでいました。しかし大半の人々は病院で死にます。このように死ぬ場所が病院に移ったのはここ25年の傾向で、急速にそうなりました。以前は半分以上が自宅で亡くなっていました。

　では、自宅で亡くなることと、病院で亡くなることの違いは何か。これは、我々が普通に暮らしている日常の中に、死がなくなってしまったということなのです。だから、死が特別なことになった。そして特別なことは特別な場所で起こることになったのです。

　そんな現代は、よくよく考えてみると、大変な異常事態なのです。生老病死というのは、人の本来の姿です。こっちが先で、何千年何万年も続いてきた間違いのないことなのです。都市よりも文明よりも何よりも先に生老病死があった。だから私はこれを「自然」と呼ぶのです。人の一生は好きも嫌いもなく時期経過とともに変化していく。そ

れが自然の姿なのだと私は思う。なのにいまは自然つまり本来の姿であるほうが異常になってしまった。

　かけがえのない未来を大切にしていない典型的な例をあげてみます。私は95年の3月に東大をやめました。正式には94年の9月の教授会でやめることが決まりました。教授会のあと同僚の病院の先生が来られて、「先生、4月からどうされるのですか」と話されるのです。「3月でおやめになるそうですね」「やめます」「4月からどうされるのですか」。これは、勤めはどうするのですかという質問です。私は「私は学生のときから東大の医学部しか行ったことがないので、やめたら自分がどんな気分になるかわかりません」と申し上げました。「やめてから先のことはやめてから考えます」と。するといきなり「そんなことで、よく不安になりませんな」と言うのです。思わず「先生も何かの病気でいつかお亡くなりになるはずですが、いつ何の病気でお亡くなりになるか教えてください」と言い返してしまいました。「そんなこと、わかるわけないでしょう」と言うから、「それでよく不安になりませんな」と申し上げました。

　ここではっきりわかることがあります。特に東大のお医者さんです。大学病院ではしょっちゅう患者さんが亡くなるので、人が死ぬということが、自分の仕事の中にきちっと入っています。ところがそういうお医者さんが、自分が死ぬということに現実感を持っていない。自分が病気になって死ぬことよりは、勤めをやめたりやめなかったりする、そのことのほうがよほど重要なことだと思っているのです。

養老孟司「かけがえのないもの」

かけがえ ⓪	〔名〕	代替。预备。
嫌がる（いやがる）③	〔五他〕	嫌。讨厌。不愿意。
お産（おさん）⓪	〔名〕	分娩。
いつの間にか（いつのまにか）〔副〕		不知不觉。不知什么时候。
よくよく ⓪	〔副〕	认真地。仔细地。充分地。
好き嫌い（すききらい）③〔名〕		喜好。挑剔。挑拣。
いきなり ⓪	〔副〕	突然，冷不防。
思わず（おもわず）②	〔副〕	禁不住，不由自主地。
言い返す（いいかえす）③〔五自他〕		顶嘴，顶撞。辩驳，争辩。
しょっちゅう ①	〔副〕	经常，常常。
きちんと ③	〔副〕	整齐地。准确地。恰好。
よほど ⓪	〔副〕	很，颇，相当。

～かというと

接在名词、形容动词词干以及形容词、动词的终止形后，表示"要说，要问"。意为"至于是否……；是不是（就）……"。

- なぜクビにならなかったかというと、彼には超能力があり、彼の予知で数々の難事件が解決をみたからです。
- どちらが好きかというと、やはり僕はこちらの方ですね。
- お金がなかったので、買えないかというと、カードがあるから大丈夫でした。
- スーパーだとすごく安いかというと、安いのはセールの時だけでした。

練習Ⅰ 本文の内容に沿って、次の質問に答えなさい。1、2、3、4から最も適当なものを一つ選びなさい。

問題1. 筆者が考える「異常事態」に入らないものはどれですか。
1. お産がほとんど病院で行われていること。
2. 大半の人々が病院で死ぬこと。
3. 母が自宅でいつの間にか死んでいたこと。
4. 死ぬ場所がここ25年で、急速に病院に移ったこと。

問題2. 「はっきりわかること」とは何ですか。
1. 東大の医者がもっときちっと仕事をすれば、病院でなくなる患者は減るということ。
2. 患者より自分の生活が大切だと考える医者は、東大の医者とは言えないとということ。
3. 医者であっても、退職後の生活に不安があるということ。
4. 医者であっても、自分の死は現実ではないということ。

問題3. 筆者が最も言いたいことは何ですか。
1. 生老病死は予定されていることだから、もっと計算して将来に対して対策を立てておくべきだ。
2. 人は生まれて、年とって、病気になって死ぬのが自然のなりゆきだから、将来を心配する必要はない。
3. 生老病死をいやなもの、考えたくないものとせず、逃れることはできないものだと自覚することが大切だ。
4. 現在の医学では生老病死を逃れることができないのだから、もっと医学に力を入れる必要がある。

練習Ⅱ 次の文章を読んで、質問に答えなさい。

　女性のストレス解消の方策のトップ2は、買い物とおしゃべりとのことである。なぜ、買い物がストレス解消効果があるのか、よくわからないが、おしゃべりの方の効果は、体験的にも、よくわかる。

　アメリカで独り暮しをしていたとき、一番つらかったのは、話し相手がいないということであった。英語が不如意となると、ちょっとしたおしゃべりができない。ストレスが溜まるばかりというしんどさを体験したことがある。

　男性には、一般的に、「おしゃべりネットワーク」が圧倒的に不足している。それを補完しているのがノミ（飲み）ニケーションであろう。ストレス解消という点で、悪いことではない。

　気楽におしゃべりができる相手を見つけておくことは、大切である。情報交換などというせこいことはなしで、きわめて有利である。

　パソコン通信でのチャットの活用もあるかもしれない。顔と顔を付き合わせるコミュニケーションが中心のなかで育った世代からすると、信じられないコミュニケーション環境のように思えるが、お互いに顔を知らないまま（プライバシーを保ったまま）かなり際どいところまで心情を吐露できるのは、ストレスの解消には好ましい。筆者の教え子で、遠距離恋愛を、これで実らせたカップルがいるのを見たりすると、チャットも捨てたものではないのかもしれない。

問題1. 「きわめて有利である」のはなぜですか。
1. 他の人と情報が交換できるから。
2. ストレスが解消できるから。
3. お酒を飲むことができるから。
4. 友達が増えるから。

問題2.「これで実らせたカップルがいる」とありますが、「これ」とは何ですか。
1. 買い物
2. ノミ（飲み）ニケーション
3. 顔と顔をつき合わせること
4. チャット

問題3. 筆者はチャットについてどう考えているのですか。
1. 相手の顔が見えないので、間違ったコミュニケーションである。
2. ストレスの解消になるので、いい点もある。
3. 恋愛をしているカップルには、効果がある。
4. お互いの顔が見えるコミュニケーションよりも難しい。

問題4. 筆者は女性と男性のストレス解消についてどう考えているのですか。
1. 女性はノミ（飲み）ニケーションを上手に利用している。
2. 女性のほうがおしゃべりできる相手が少ない。
3. 男性はノミ（飲み）ニケーションによってストレスを解消している。
4. 男性は買い物をしてストレスを解消している。

日本の道のガイド

大阪府

道頓堀

　大阪府は、大阪湾をかかえこむ大阪平野を中心として、北は北摂山地、東は生駒、金剛山地、南は和泉山脈があります。大阪市は6大都市中で面積は最小ですが、人口は東京、横浜についでいます。大阪は人口が多く産業が発達していることもあって自然に恵まれた観光地は少ないです。

　大阪の都心部を形成するのがキタ（北）とミナミ（南）です。

　キタは大阪駅付近で、阪急、阪神、地下鉄が集まる大ターミナルで地下商店街と曽和崎の繁華街が隣接しています。中ノ島北浜、御堂筋付近は大ビルの林立するビジネス街です。一方御堂筋の南端にある難波付近はミナミとよばれ、南海、近鉄、地下鉄が集まるターミナルです。ここには千日前、道頓堀などの繁華街、大阪一の商店街である心斎橋筋などがあります。

　大阪は古くから商業が盛んで「商人の町」として栄えてきました。そのため、話が上手な人が多く、ユーモアのセンスも日本一です。

合格への道

問題1 つぎの文の（　）に入れるのに最もよいものを1・2・3・4から一つえらびなさい。

1 駅（　）近くにホテルがあります。
　　1　が　　　2　で　　　3　の　　　4　に

2 明日の朝は9時（　）ここへ来てください。
　　1　までで　2　まで　　3　までも　4　までに

3 このアパートは古くてせまい（　）、学校から近くて便利だ。
　　1　と　　　2　が　　　3　し　　　4　か

4 母のたんじょう日のプレゼントはセーター（　）しました。
　　1　に　　　2　を　　　3　は　　　4　か

5 その本をどこで買った（　）おぼえていますか。
　　1　の　　　2　を　　　3　は　　　4　か

6 私は何（　）手伝ったらいいですか。
　　1　と　　　2　を　　　3　に　　　4　が

7 かさがいっぱいありますね。どれがあなた（　）ですか。
　　1　を　　　2　が　　　3　に　　　4　の

8 あの先生の話は留学生（　）はむずかしすぎる。
　　1　と　　　2　に　　　3　から　　4　より

⑨ 父は声（　）大きい。
　　1　に　　　2　の　　　3　が　　　4　で
⑩ 友だちと（　）やくそくをわすれてはいけません。
　　1　に　　　2　で　　　3　や　　　4　の
⑪ となりの家でピアノの音（　）している。
　　1　が　　　2　を　　　3　と　　　4　に
⑫ 私は一週間（　）一回柔道を習っている。
　　1　に　　　2　は　　　3　も　　　4　で
⑬ 大学をそつぎょうしたら、銀行（　）ぼうえき会社で働きたい。
　　1　に　　　2　も　　　3　で　　　4　か

問題2 つぎの文の（　）に入る最もよいものを1・2・3・4から一つえらびなさい。

⑭ きのうはいそがしくて、夜10時まで（　）働いた。
　　1　何　　　2　も　　　3　食べず　　4　に
⑮ このメールを（　）とこまる。
　　1　見られる　2　に　　　3　だれ　　4　か
⑯ チケットはあと（　）ます。
　　1　で　　　2　いたし　　3　わたし　　4　お
⑰ うちの子供は野菜を（　）こまっているんです。
　　1　なく　　2　食べ　　3　て　　　4　たがら
⑱ その仕事はぜひわたし（　）。
　　1　に　　　2　やらせ　　3　ください　4　て

問題3 つぎの文章を読んで、19 から 23 の中に入る最もよいものを、1・2・3・4から一つ選びなさい。

吉田課長への手紙

拝啓

　暑かった夏も終わり、そろそろ秋の気配を感じるようになりました。

　ご無沙汰しておりますが、お変わりないでしょうか。

　日本滞在中は大変お世話になりました。仕事らしい仕事もできず、皆様に何かとご迷惑を 19 。それでも、家族のように暖かくわたしを受け入れてくださり、本当にありがとうございました。皆様と楽しく過ごした日々は、まるで昨日のことのように頭に浮かんできます。

　わたしはこの八月から、上海事務所で働いております。住み慣れた北京から上海へ転勤で、はじめは戸惑うこともありましたが、今では上海の暮らしを楽しんでおります。

　上海では、日系企業の現地での宣伝活動など、やりがいのある仕事を 20 ています。

　現在のスタッフは、陳所長と新人の山田さんとわたしの三人ですが、山田さんは新人らしく、一生懸命にやって 21 ています。

　上海においでになる機会がございましたら、ぜひご連絡ください。上海の名所を案内 22 ていただきます。

　奥様を始め、ご家族の皆様によろしくお伝えください。

　最後に、課長のご健康とご活躍をお祈り申し上げます。

23

九月二十三日

李秀麗

19
1 おかけしました　　　2 おかけになりました
3 かけました　　　　　4 おかけです

20
1 任し　　2 任させ　　3 任され　　4 任す

21
1 もらっ　　2 いただい　　3 くれ　　4 くださっ

22
1 し　　2 いたし　　3 なさっ　　4 させ

23
1 敬具　　2 謹啓　　3 敬意　　4 敬礼

問題4　つぎの文章を読んで質問に答えなさい。答えは1・2・3・4から最もよいものを一つ選びなさい。

(1)

　日本人が生の野菜を料理として食べるようになったのは、第二次世界大戦後のことで、そんなに昔のことではない。長い間、日本人が食べてきた野菜料理といえば、煮たり焼いたりしたものや、あるいは漬物であった。日本が開国し、明治時代になってから、肉食の習慣とともにいろいろな種類の野菜が入ってきた。それでも、そのころのサラダはジャガイモをゆでてつぶしたものが主で、今とはずいぶん違っていたようだ。

24 日本人の料理について、正しいのはどれか。
　1 日本人は昔から、生の野菜を料理として食べた。

2　日本人は今は肉の料理を食べない。
3　日本人は第二次世界大戦後、野菜を食べるようになった。
4　日本人の昔と現在では、野菜料理の仕方がずいぶん違っている。

(2)

李さん、寒い日が続いていますが、お変わりありませんか。
　こちらは家族全員、元気に過ごしています。横浜での研修はいかがですか。日本語も大分上達されたでしょうね。
　さて、もうすぐお正月ですが、冬休みの予定はもう決まりましたか。もしよろしかったら、うちへ遊びにいらっしゃいませんか。お正月料理をご馳走しますよ。子供たちも李さんにとても会いたがっています。
　では、お返事をお待ちしています。

2006年12月8日
高橋一郎

25　この手紙はどんな手紙か。
　1　誘いの手紙　　　2　依頼の手紙
　3　お礼の手紙　　　4　旅行先からの手紙

(3)

　日本の水産物輸入は1970年代に入って急増した。特にえび類の伸びが大きい。その金額は水産物輸入額全体の約2割を占める。日本は世界一の水産物輸入国で、1995年には世界の水産物輸入額の32%を占めた。これは第2位の米国の約25倍に当たる。輸入先は世界140カ国以上に及んでいるが、現在は主に中国、米国、インドネシア、タイ、ロシアなどが大きな割合を占める。

26 文章の内容と合っているのはどれか。
1 日本では1970年代に水産物の輸入が始まった。
2 日本のえびの輸入額はアメリカの約25倍に当たる。
3 日本へ水産物を輸出しているのはアジア諸国だけだ。
4 日本は世界の水産物輸入額の約3分の1を占めている。

(4)

　日本語には人を形容する言葉がたくさんあります。外見に関するものだと、「かわいい」「きれい」「かっこいい」など。性格に関するものなら、「面白い」「明るい」「やさしい」など。あなたなら、友達や恋人になんと言われたいですか。
　日本言語研究所が、恋人からどう形容されたらうれしいか、15歳から64歳の日本人の男女に聞きました。その結果を見ると、男性は「やさしい」彼に、女性は「かわいい」彼女になりたいと考えています。

27 あなたが女性の場合、つきあっている相手（彼氏）を形容するとき、どんな言葉を使うのが一番いいか。
1 かっこいい　2 明るい　3 やさしい　4 かわいい

問題5　つぎの文章を読んで質問に答えなさい。答えは1・2・3・4から最もよいものを一つえらびなさい。

(1)

　（ジョンさんはたけしくんの中学校で英語を教えていました。つぎの文はジョンさんからたけしくんへのメールです。）
たけしくん
　メール、ありがとう。前のメールに「英語のべんきょうはつまらない」と書いてありましたが、まず好きなことから始めたらどうで

すか。

　ぼくが日本語のべんきょうを始めたのは中学1年のときです。友だちの家ではじめて日本のまんがを見ました。そのときは日本語がぜんぜんわからなかったのですが、えがあるから話はだいたいわかりました。日本語で読めるようになりたいと思って、自分でべんきょうを始めました。漢字は、むずかしかったですが、まんがを何さつも読んでいたら、かんたんな漢字はおぼえてしまいました。

　まんがはよくないと言う人もいますが、どんなものにもいいものと悪いものがあると思います。だから、まんがもえらんで読めばいいと思います。人をいじめるようなまんがはよくないですが、サッカーやバスケットボールなどスポーツのまんがはおもしろいし、読むと元気になります。

　たけしくんは、何にきょうみがありますか。音楽ですか、映画ですか。（　A　）じゃ、またメールします。

　　　　　　　　　　　　　　　　　　　　　　　　　ジョン

28　ジョンさんが日本語のべんきょうを始めたのはどうしてですか。

1　漢字をたくさんおぼえたかったから。
2　日本語でまんがを読みたいと思ったから。
3　友だちに日本のまんがをもらったから。
4　日本のまんががぜんぜんわからなかったから。

29　ジョンさんはまんがについてどう思っていますか。

1　日本語のべんきょうのためにどんなまんがでも読んだほうがいい。
2　サッカーやバスケットボールのまんが以外は読んではいけない。
3　いろいろなまんががあるので、いいものだけえらんで読んだらいい。

4 まんがばかり読むと人をいじめるようになるので、読まないほうがいい。

30 （ A ）には何を入れますか。
1 映画がきらいでも、毎日見ればわかるようになりますよ。
2 日本語のまんがを読めば、漢字がおぼえられるようになりますよ。
3 毎日練習すれば、サッカーやバスケットボールがじょうずになりますよ。
4 英語を使って好きなことをすれば、べんきょうが楽しくなりますよ。

（2）

　山本さんは、大学生です。毎日午後5時から8時まで大学のちかくにあるきっさてんでアルバイトをしています。1時間はたらくと900円もらえます。

　山本さんは、大学のお金は、りょうしんにはらってもらいます。そのほかに毎月10万円を送ってもらいますが、せいかつのためのお金は、それでは十分ではありません。また、夏休みに旅行に行ったり、友だちとあそんだりするお金もひつようです。

　アルバイトの中で、いちばんたくさんお金をもらえるのは道やビルを作るのを手つだうしごとで、一日で1万円もらえます。でも、このしごとはとてもたいへんで、1日8時間以上もはたらかなければなりません。ですから、学生はあまりこのアルバイトはやりません。

　また、図書館で本をかす手つだいをするしごとがあります。これは、すわってするしごとですからかんたんなのですが、1時間で600円しかもらえません。

　山本さんは、きっさてんのしごとは、そんなにたいへんではない

し、もらえるお金も悪くないので、いちばんすきだと言っています。

[31] 山本さんは、りょうしんから毎月送ってもらうお金をどうしていますか。
1 大学にはらっています。
2 きっさてんにはらっています。
3 せいかつのために使っています。
4 旅行やあそびのために使っています。

[32] 山本さんは今のアルバイトをどう思っていますか。
1 今のしごとは早くやめてもっとべんきょうする時間をつくりたい。
2 もっとたくさんのお金をもらえるしごとがしたい。
3 しごとが忙しくても大学に行けないのでやめたい。
4 しごともあまりたいへんではないし、もらえるお金も悪くない。

[33] アルバイトのことを正しくせつめいしているのはどれですか。
1 学生はきっさてんのアルバイトは1日1時間しかできません。
2 学生はよく道やビルをつくるのを手つだうアルバイトをします。
3 りょうしんから10万円送ってもらえるとアルバイトをしなくてもいいです。
4 図書館で本をかす手つだいをするアルバイトはもらえるお金が少ないです。

問題6 つぎの文章を読んで質問に答えなさい。答えは1・2・3・4から最もよいものを一つえらびなさい。

10月31日はハロウィンです。みなさんの国ではこの日、どんなことをしますか。ハロウィンは、もともと2000年以上前のケルト人の宗

教的行事だったそうです。ハロウィンには、かぼちゃをくりぬいて作った提灯を持った子供たちが、近所を家を回ります。そして、「Trick or Treat」（お菓子をくれないと、いたずらしちゃうぞ！）と言って、お菓子をもらいます。最近、日本では、10月が近くなるころから、ハロウィンの飾り付けをしたお店や、ハロウィンに関連した商品が売り出されるのを見かけることも多くなりました。昔は、日本では、あまりなじみのない行事でしたが、近頃では、仮装パーティーをするなど、定着しているようです。

　ところで、北海道函館市ですが、海の幸がおいしくて、夜景がとてもきれいな町として有名です。この町に引っ越してきた人がまず驚くのが、七夕です。離れ離れに暮らしている彦星と織姫が1年に1回会うのを許される日、それが七夕です。この日、一般的に、願い事を書いた短冊を竹に飾ることが行われます。しかしながら、函館の七夕は少し違います。浴衣姿の子供たちが、家々を回って「竹に短冊七夕まつり大いに祝おうろうそく1本ちょうだいな」と歌います。そして、子供たちが歌い終わったら、その家の人は子供たちにお菓子をあげます。この様子、何かの行事に似ていませんか。かぼちゃは持っていませんが、特別な言葉を言ってお菓子をもらうところは、ハロウィンにそっくりです。これは函館市だけではなく、北海道各地で行われているようですが、日本のほかの地方では見られません。

34 ハロウィンの話として、まちがっているのはどれか。

　1　仮装パーティーをする。
　2　かぼちゃのちょうちんを持つ。
　3　浴衣を着た子供たちが、歌を歌う。
　4　「Trick or Treat」という。

35 七夕の話として、まちがっているのはどれか。

　1　竹に願い事を飾る。

2 「Trick or Treat」という。
3 浴衣を着て、家々を回る。
4 彦星と織姫が会う。

36 函館の七夕とハロウィンの共通点は何か。
1 子供たちが、短冊に願い事を書く。
2 子供たちが、家々を回ってお菓子をもらう。
3 子供たちが、かぼちゃのちょうちんを持って歩く。
4 子供たちが、浴衣を着る。

37 文章の内容に合っていないのはどれか。
1 最近、ハロウィンは日本でも定着するようになりました。
2 北海道の函館市は海辺にある、夜景がとてもきれいな町です。
3 七夕のときに、子供が歌を歌って、家々を回ってお菓子をもらうのは函館市だけです。
4 ハロウィンはもう2000年以上の歴史がある古い行事です。

問題7 つぎの文章を読んで質問に答えなさい。答えは1・2・3・4から最もよいものを一つえらびなさい。

ケントさんの土曜日のスケジュール	
7:00〜7:30	うちのちかくを散歩します。
8:00〜8:30	食事をします。
9:00	うちを出て、図書館に行きます。
9:30〜12:00	図書館でべんきょうします。
12:30〜13:30	山田さんと会って、レストランで食事をします。
14:00〜16:00	いっしょにデパートに行って、買い物します。
17:00	うちに帰ります。

38 ケントさんは、どこでお昼ごはんを食べますか。
1 うちで食べます。 2 図書館で食べます。
3 レストランで食べます。 4 山田さんと食べます。

39 上のスケジュールと合っているのは、どれですか。
1 山田さんが、ケントさんのうちに来ます。
2 山田さんは、ケントさんといっしょにべんきょうします。
3 ケントさんは、9時から図書館でべんきょうします。
4 ケントさんは、買い物してから、うちに帰ります。

答案

問題1

1	2	3	4	5	6	7	8	9	10	11	12	13
3	4	2	1	4	2	4	2	3	4	1	1	4

問題2

14	15	16	17	18
3	2	3	1	4

問題3

19	20	21	22	23
1	3	3	4	1

問題4

24	25	26	27
4	1	4	3

問題5

28	29	30	31	32	33
2	3	4	3	4	4

問題6

34	35	36	37
3	2	2	3

問題7

38	39
3	4

参考訳文と解答 - - - - - - - - - - - -

第1课　说给异国的朋友们

很长一段时间，我都相信圣诞老人的存在。虽然当时我们家并不是基督教徒，但是和许多其他的日本家庭一样，我也会在圣诞节的早晨收到圣诞老人的礼物。

五岁的时候，晚饭后我和哥哥一起玩，突然圣诞老人和父母出现在房间里。我和哥哥都吃了一惊，把身体紧贴在墙壁上看着圣诞老人的一举一动。

圣诞老人从一个白色的大袋子里拿出一些礼物，给了哥哥和我。"是个乖孩子的话，明年我还来。"说完，圣诞老人就走出了房间。

那一晚，我的感受是难以忘怀的。比我大两岁的哥哥说："那个声音好像是叔叔的声音啊！"可我却不相信。因为我问妈妈时，妈妈摇头说："真的是圣诞老人呀！"

坚信圣诞老人的存在不知是从什么时候消失的。但是，总觉得与此同时我心中有一些重要的东西也消失了。因为我已经成为少年了，而少年和童年是不同的，少年可以窥视大人的世界。

在那之后经过了六十多年的岁月，如今已进入古稀之年的我为孙子去买圣诞礼物。因为年幼的孙子们依然相信圣诞老人的存在。

练习I 根据本文内容，回答下列问题。请从1、2、3、4选项中选出最恰当的一项。

问题1	问题2	问题3
1	2	4

练习II 阅读下文，回答问题。

问题1	问题2
4	2

第2课　追求语言的自由性

　　空荡荡的电车中，一个大约五六岁的男孩，沐浴着温暖的阳光，不时地向坐在旁边的母亲发问。"妈妈，アツギ（厚木）是因为大家都穿很厚的衣服吧？"母亲有些尴尬地笑了笑。车内空荡荡的，所以整个车厢都能清楚地听到男孩的声音。尽管如此，还是觉得这孩子竟知道アツギ的另一个意思（厚着），我想也许是因为家中有老人，常常会以多穿衣服好还是不好为话题吧。

　　电车到了下一站后，这次孩子又问："妈妈，エビナ（海老名）是因为可以捕到很多虾吧？"因为妈妈没有回答，孩子就又接着猜测："没有虾吧？是因为没有虾才叫エビナ吧？"在孩子沉浸在给小田快线的地名作各种解释的时候，我不得不下车了。我在心里想：多么聪明的孩子啊！不，聪明的不仅仅只有这个孩子。这个年龄段的孩子们，正处于语言吸收的黄金时期的最高峰，而这是大人们已经永远失去的东西。语言还存在于声音中，孩子对这种声音会拼命地用自己的方式去解释、去整理。这个时候，大人们千万不要标榜那些书本、文章中自以为是的知识，而去嘲笑孩子们的体验。因为大人们的知识凭借的是胜于一己之见的外力，但孩子们的解释，则是全凭自己挑战后的作品（结果）啊。

练习I 根据本文内容，回答下列问题。请从1、2、3、4选项中选出最恰当的一项。

问题1	问题2	问题3
4	1	4

练习II 阅读下文，回答问题。

问题1	问题2
2	4

第3课　为何不想成为大人

"不想成为大人"，据说有些小学生会这么想。我觉得孩子都希望快一点长大成人，所以在听到有很多小学生不想长大成人后，感到有点吃惊。

但是，也并非不能理解小学生的心情。

在我还是小孩子的时候，那时的大人们都在很愉快地工作着。当然，我想那时的大人们肯定也会有讨厌的事和忧伤的事，但却不会厌恶工作。还有，那时大人们是在小孩们的身旁工作。不像现在，工作的地方和生活的地方是分开的。

现在的孩子们是看不到大人们工作时候的样子的。这是因为大部分人成了公司职员，而且大人们主要关心的是能否在竞争中胜利。生存的意义是在跟其他公司的竞争中获胜，大人们的话题也只是"输赢"，或是拖没拖同伴的后腿、发发牢骚，或是一味地叹气说"好累，好累"。这样一来，孩子们当然对成年失去幻想，"不想长大成人"的想法似乎也很正常。

我们大人，为了给予孩子们梦想，必须改变我们所处的生活环境。这不仅仅是单纯缩短工作时间的问题。从根本上讲，我觉得需要的是生活的那份从容。

练习I　根据本文内容，回答下列问题。请从1、2、3、4选项中选出最恰当的一项。

问题1	问题2	问题3
4	4	3

练习II　阅读下文，回答问题。

问题1	问题2
3	4

第4课　风的声音

这已经是将近二十年之前的事情了。

初春时，走在附近的小学旁的时候，看见两个像新生一样的孩子背着光亮崭新的双肩包从对面走过来。他们注视着我的脸，一个孩子突然用快乐的声音跟我打招呼说："老师，再见！"另一个也似乎受到了影响，用较小声音说"老师，再见"，从我身边走了过去。我完全不认识这两个孩子。正觉得有些吃惊，从身后传来了可爱的声音。

"是老师吧？"

"也许是校长呢。"

所以我更加感到吃惊了。

遗憾地说，我是校长这一判断并不对，但说我是老师这一判断还是正确的。孩子的非凡直觉让我咋舌。同时，被毫不相识的小学生看出我是老师，心情还是有些复杂的。

之后，同样的事情又发生了好几次。有时会觉得，也许是我很有老师的样子吧，又或许是因为现在是我们教师业的鼎盛期。即使现在，偶然路过的小学生向我这边看时，我会隐约有些不安，他会向我打招呼吗？这是二十年前的后遗症。

为什么近几年不再被不认识的小学生当作老师了呢？我想我是不是

终于不再有教师的面孔了。

前几天，在一个地方闲聊时，其中有一个人说，最近和老师打招呼的是幼儿园那么大的孩子，学校里这种素质教育已经消失了。

我一直在想，真的是这样吗？

练习I　根据本文内容，回答下列问题。请从 1、2、3、4 选项中选出最恰当的一项。

问题 1	问题 2	问题 3
3	4	3

练习II　阅读下文，回答问题。

问题 1	问题 2	问题 3
2	2	3

第5课　万般人生观

听说从前气象台有这样一位气象预报员。在他当班的某一天，他做完"明天天气晴朗"的预报之后就睡了。然而，早上起床一看，外面下着倾盆大雨。据说他一边看着雨一边说："根据气象图来看绝对不会下雨，是正下着的雨出错了。"这的确是个笑话。

但是，我很喜欢这个故事。我觉得这并不是一个一笑了之的故事。

仔细查看气象图，之后才确信不会下雨。可是，实际上却下雨了。这样的话，天气预报就不准确了，妙就妙在把它说成"雨下错了"。我认为这种固执是可以有的。

不过，在气象学上，这种固执也许是个笑料。但是，如果与佛教有关的话，我认为还是应该遵从佛的教导。

例如，佛的教导是"不要竞争"。竞争、竞争，竞争到红了眼，脑海中只燃烧着竞争意识的话，我们就会变得很狭隘，失去体恤他人之

心，变得自私自利。停止与他人的竞争，友好地生存是人类真正的生存方式。但是，如果这样说的话，必定会有人反驳说："你说得真轻巧，现实可是很残酷的。在现实中我们该怎么做呢？"

在这种情况下，我想说"那是因为现实错了"。我认为，一味地向现实妥协并非才能。这种想法会不会听起来很奇怪……

练习Ⅰ　根据本文内容，回答下列问题。请从1、2、3、4选项中选出最恰当的一项。

问题1	问题2
2	1

练习Ⅱ　阅读下文，回答问题。

问题1	问题2
3	3

第6课　氟利昂破坏着地球

我们来认真想一下，地球的三个薄层抵御着紫外线的辐射，守护着地球上的生命。首先是水。人们认为，最初的生命诞生于可以抵御紫外线的浅海地带。

第二层是平流层的臭氧层。随着生命的进化，产生了能够靠光合作用释放氧气的植物，形成了臭氧层。在平流层中广泛分布的臭氧层如果都集中到地面上的话，也不过是三毫米的一层薄膜。它能够吸收太阳释放的强烈的紫外线，因此生物得以在陆地上繁衍生息。

第三层就是皮肤。动物的皮肤吸收紫外线，保护体内的细胞不受损伤。但是皮肤也是细胞，所以在强烈的紫外线照射下，皮肤细胞里的遗传基因会受伤，如果修复失败的话，就会得皮肤癌。

平流层中的臭氧层，以及我们细胞中的遗传因子，都是经过了大约

三十五亿年漫长的岁月才形成的。与三十五亿年相比，现代科学技术制造出氟利昂的历史不过是一瞬之间。但是，这一瞬间，不仅仅使现在活着的我们，也使未来的生命处于地球环境被破坏的危机之中。

地球上的水既没增加也没减少，周而复始不停地循环着。三十五亿年间，水在循环的过程中，净化了废热和废物，生命得以进化。但是，现代科学从地下开采、制造出水循环所不能净化的污染物，其代表就是放射能和氟利昂。

我们也有很多可以做的事，让我们现在马上付诸于行动吧。

练习Ⅰ 根据本文内容，回答下列问题。请从1、2、3、4选项中选出最恰当的一项。

问题1	问题2	问题3
2	2	4

练习Ⅱ 阅读下文，回答问题。

问题1	问题2
3	1

第7课　年老与年轻

看上去显得年轻的老年人，他的整个身体还年轻吗？还有足够的体力吗？这是一个值得怀疑的问题。有一位住在北九州的医生就这个问题做了详细的调查。我当面问了他这个问题，得到的答案是肯定的。别人经常说我看起来要比实际年龄年轻十到十五岁，所以我想他们夸我年轻时心里大概在想："灰谷，真不错啊！"

把自己的年轻和健康当作一种骄傲，这和炫富的人一样低俗，可以说不是一个好习惯。我是属于生来体质就很虚弱的人，平时过着自食其力的生活。上了年纪之后，体质反而变好了。我为此感到欣喜，有时就

会不自觉地在他人面前炫耀自己的健康。

由于疲劳过度导致颈椎神经受到压迫,去年年末我有生以来第一次住院。我感觉这是神对我的斥责。这次住院让我明白了在这个世上原来有很多人在受着病痛的折磨。我为以前的沾沾自喜感到羞愧。

回到开始的话题。显得年轻的人身体机能也年轻的说法,似乎不适合我所住的冲绳渡嘉敷岛上的老人们。可以说,住在南方海岛上的人基本上都易显老,但他们言谈坚毅、身板硬朗,而且非常勤快。这点让人非常佩服。种田和出海的大都是老人。我几乎没听到过他们说身体哪里不舒服。他们也不发牢骚,不说责怪别人的话。

一次,当我悲叹老是阴天不出太阳时,岛上的老人对我说:"大自然有大自然的安排。"

练习I 根据本文内容,回答下列问题。请从1、2、3、4选项中选出最恰当的一项。

问题1	问题2	问题3
1	3	2

练习II 阅读下文,回答问题。

问题1	问题2
4	1

第8课 孩子们要一起玩耍

在少年时代,我经常同比我大的和比我小的孩子们在大自然里一起玩耍。

到昭和三十年代中期为止,不只我一人是这样,在整个日本这都是司空见惯的。大大小小的孩子们聚集在一起玩耍,本来就是一件很自然的事。

我们不只聚在一起，还规定了游戏和打架的规则，从而营造了一个大人们无法干涉的独立的孩子王国。通过这样的生活，孩子们领悟到人的社会性在生存中的重要性。

但是，经济高度发展之后，孩子们完全生活在一个人工改造的环境中。这种改造使得大自然遭到破坏，身边的小动物、昆虫及植物不见了，而且由于小家庭化和少子化的发展，属于孩子们的非常自然的聚集也消失了。

由于家属和兄弟姐妹的减少，孩子们在物质生活方面出现的富余、社会信息量的大增，以及社会竞争的激烈，导致他们忙了补习和学习技艺，或是闷在家里玩游戏、看电视。由于现在的孩子们不能像以前那样和不同年龄段的孩子们在一起玩耍，他们失去了在人生的成长过程中培养社会性意识的最重要的机会。我想这是造成如今严重的教育问题的主要原因。

既然孩子们已经无法自然地聚到一起玩耍，那么只好由大人们来为他们创造这样的环境。现在有些学校似乎已经意识到这一点。比如有的小学，以前举行郊游活动时，只是同年级同学一起参加，如今改成一至六年级的学生以小团体的形式一起参加。分餐时让大家坐在同一张桌子上，六年级学生教大家拿筷子的方法，指导大家餐后如何收拾碗筷。大孩子说的话要比老师说的话更有效果。

练习Ⅰ 根据本文内容，回答下列问题。请从1、2、3、4选项中选出最恰当的一项。

问题1	问题2	问题3
2	4	3

练习Ⅱ 阅读下文，回答问题。

问题1	问题2	问题3	问题4
2	1	2	1

第 9 课　颜色的秘密

我们对时间的感觉，会在心理上受到周围颜色的影响。比如当我们身处红色和橙色环境中时，就会觉得时间过得很慢。想着"是不是已经过了一个小时"，可是一看表才发现刚刚过去半个小时。

当客厅里挂着粉红色的窗帘，铺着鲜红的地毯，摆着橙色的沙发时，有时一个小时的时间会让人感觉有两个小时那么长。在一个实验中，让营业员们不戴手表待在一个没有窗户的房间里开会，虽然实际上只开了三个小时，但大家都觉得有六个小时那么漫长。

因此，当和自己所爱的人在一起，希望时间感觉过得慢一点的时候，最好采用这样的暖色背景。

不过，我们也可以反其道而用之。

结婚仪式现场铺的红地毯是举行婚礼时的象征性颜色，同时它也隐藏着放慢时间的秘诀。新郎新娘和众多家属走过鲜红的地毯，结婚仪式既迅速又顺利，令人感觉整个婚礼不紧不慢，非常充实。鲜红的颜色最终起到了加速运转的作用。

与暖色调相反，冷色调会让人感觉时间过得很快。猜想"是不是才过去一个小时"，可实际上已经过去三个小时。因此工厂等地方非常适合使用冷色调，当下班铃响起时，人们才意识到"原来已经过去八个小时了啊"。实验也证明，在冷色调的房间里，会让人感觉时间缩短了一半。

因此，对于一成不变的日常工作、单调作业来说，最适合使用蓝色和蓝绿色等冷色调，它们能在心理上加快时间的运行。当然，工作环境给人的感觉并不是仅凭心理上对时间的感觉来决定的。

练习 I　根据本文内容，回答下列问题。请从 1、2、3、4 选项中选出最恰当的一项。

问题 1	问题 2	问题 3
4	3	1

练习Ⅱ 阅读下文，回答问题。

问题 1	问题 2
2	3

第10课　关于教育的思考

　　曾经有几次在书中提到过，我非常喜欢在杂木林中漫无目的地散步。杂木林里有各种各样的动植物，它们彼此之间相处得非常和谐。生活在这种和谐气氛中的所有生物看上去都充满生气，所以我觉得杂木林是一个非常美丽的地方。

　　我不太喜欢人工种植的只有杉树和扁柏树的单一树林。或许有不少人会觉得整齐单一的树林很美，但是那种树林里的鸟类和昆虫是非常有限的，树下的植物也很少。来到这样的树林里，仅仅是以此类树木为食的昆虫。由于捕食这些昆虫的动物很少，当昆虫泛滥的时候，就不得不使用农药来治理。从这个意义上可以说，单一树林排挤生命的存在，也就是说，它没有杂木林那种生机勃勃之感。正因为如此，我既不喜欢单一树林，也不觉得它好看。

　　也许是我突发奇想——人类的生活环境难道不是也可以分为单一树林型和杂木林型吗？比如说当今日本的单一化教育环境，难道不可以叫做"单一树林"吗？在这样的教育环境里，主要不是培养个性和素质，而是要把大家都套入同一个模板中。在我看来，这就和种着同一树种的单一树林并无二致。

　　这样说来，你大概能猜出我所期待的教育环境是什么样的了吧。如果以植物为例的话，我希望紫罗兰型的孩子就培养他成为紫罗兰，栋梁型的孩子就培养他去作栋梁。这种教育环境和各种动植物各得其所、各自竭尽全力生长的杂木林非常相似。我深信正是非纯林型教育，也就是杂木林型教育才能培养出有个性的人，这样的人才能干出一番有创造性的事业。

练习I 根据本文内容，回答下列问题。请从1、2、3、4选项中选出最恰当的一项。

问题1	问题2
2	2

练习II 阅读下文，回答问题。

问题1	问题2
2	4

第11课　献血

　　在马路上我经常会碰到志愿献血车。每次经过那里，我都会感觉有点莫名的愧疚。

　　这种献血是一种完全出于自愿的高尚行为。献血的时候，不仅要忍受被针扎的紧张，还要任凭自己身体里的血液被粗鲁地抽出，用于挽救素不相识的人的生命。我之所以感到愧疚，是因为当被邀请献血的时候，我却若无其事地挥手而去。我想这种愧疚证明我仍是一个高尚的，至少为之而努力的勇敢的人。

　　虽说我表面上装出一副若无其事的样子，但是每当我经过那里的时候，我都会小声地说"今天没时间"、"现在身体不太好"之类的话。当然，这不是对那里的工作人员说的，而是对自己说的。我想这些都证明了我是一个有良心的人。

　　我第一次献血是在二十年前。我的姨妈才五十岁就患上了严重的肾病，必须要输血。那时，病人需要输血时，只能是亲朋好友为其筹集血量。姨妈从我很小的时候就一直疼我，所以当时我毫不犹豫地每隔一周去一次日赤医院，献过几次血。

　　自那以后，献血制度发生了变化，变成了完全无偿的，献血也就更成为一种非常高尚的行为。我是搞纯数学工作的，这种工作对人类的幸

福来说几乎没什么实际作用,而且我本人还很懒惰。因为没去当志愿者,所以心血来潮的时候,我会带着一种赎罪的心理去献血。

献血说是无报酬,但是对我来说并不是真的无报酬。因为赎完罪以后的我就像卸了重负一般,心情无比舒畅。日本人中 AB 血型的人只占总人口的百分之几。每当看到年轻的护士满面笑容地对我说:"哇,是 AB 血型啊,太好了,一直都在渴盼着呢!"我就觉得自己像一个拯救处于危险之中的地球的勇士。献血之后的一段时间,我都会把自己当作一个品德高尚的人,坦然地走在大马路上。

练习Ⅰ 根据本文内容,回答下列问题。请从 1、2、3、4 选项中选出最恰当的一项。

问题 1	问题 2	问题 3
4	2	1

练习Ⅱ 阅读下文,回答问题。

问题 1	问题 2
3	2

第 12 课　幸运挂件灵吗?

女儿上高中的时候,有一天我看见她书包上挂着一个偶人,于是问她:"那是什么护身符?"女儿回答说:"这是幸运挂件,挂上这个,成绩就会变好。"上次期中考试考得不错,所以女儿相信是挂上了幸运挂件的结果。于是我说:"就算挂着这种东西,下次考试还是会考得很糟。"正如我所料,女儿的期末考试成绩惨不忍睹,这证明幸运挂件并没有那么灵验。

于是我对女儿说:"你的实力差不多在七十分左右。但是人有顺利和不顺利的时候,有时可以考出九十分,有时只能得四十分。我猜你可

能是因为前一次的期末考试没有考出自己的实力，就一心想依靠神的力量，所以买了幸运挂件。不过那只是因为你的状态不佳，没有发挥出实力。不管买不买幸运挂件，按照你平时的实力，下次的成绩肯定会好，这就是你期中考试的情况。只不过成绩有时会高出平均分，有时会低于平均分而已。而你好像误以为只要挂个幸运挂件，不怎么用功学习成绩也会变好，所以我断定你的成绩肯定会下降。"

人生有起有落，会登上高峰，也会陷入低谷。即使跌入低谷也不必慌张，顺其自然，相信总有一天能摆脱低谷，耐心等待即可。然而那些误信怪力乱神或买幸运挂件的人似乎并不明白这个最基本的道理。一旦跌入低谷，就觉得走投无路，于是想依赖神明，买幸运挂件什么的。随着时间的流逝，不久低谷期就会过去，高峰期就会到来，他们就以为这是托了神明或幸运挂件的福。

练习I　根据本文内容，回答下列问题。请从1、2、3、4选项中选出最恰当的一项。

问题1	问题2	问题3
4	1	4

练习II　阅读下文，回答问题。

问题1	问题2
2	2

第13课　日语的表与里

日本人在很多场合都喜欢说"请多关照"。贺年卡上必定会写"今年也请您多关照"，托熟人办事的时候也会说"请多关照"。把它当做惯用词或寒暄用语随便一听也还罢了，但是当别人对自己说这句话，自己也想认真回应对方的嘱托时，倒不知该如何理解"请多关照"的意思

了。"请多关照"应该是指"请多费心思"的意思吧。委托别人办事的时候，或明示具体要求；抑或为了不给对方添麻烦，仅借助对方力所能及之力，也就是说让对方来决定其帮忙的程度范围。因此，"请多关照"的意思肯定是"有这个心意足矣"。但是，比起明确地提出具体要求，后者的做法更让被委托的一方觉得难以拿捏。

我曾经在巴黎住过半年左右。有次一个朋友来信说："我有个朋友到巴黎去，请多关照。"写信的人也就是随便写写，但我这边却搞不懂"请多关照"是想要我做些什么事情。是去机场接机呢，还是要预订宾馆，或者是希望我带着这个朋友到巴黎逛逛，抑或是希望我请他吃顿饭呢？我苦思一阵之后，决定什么也不做，除非对方提出具体的要求。他怎么能让我来做出决定，简直是开玩笑。这样做也太过天真、不顾他人状况、太以自我为中心了吧。

"请多关照"这句话表面上似乎是尊重对方的想法和决定，但仔细想来，其实是把责任转嫁给对方，是逃避责任的咒语。无论何事，做出判断需要相应的努力，而这样的思考过程是极其麻烦的。将这种繁琐的思考过程甩给对方的行为，有时是非常没有礼貌的。

练习I 根据本文内容，回答下列问题。请从1、2、3、4选项中选出最恰当的一项。

问题1	问题2	问题3
1	3	2

练习II 阅读下文，回答问题。

问题1	问题2	问题3	问题4
1	1	4	2

第 14 课　产品制作的启示

那是我上小学前后时发生的一件事情。我看完电影，走到电影院出口，发现街道已笼罩在夜幕之中了。刚看完的电影，受其情节的影响，我不知自己身在何处，有种想哭的感觉。

平时，我是慢慢体会着天渐渐暗下去的过程的，所以对年幼的我来说，时间在看电影的过程中流逝是件无法理解的事情。就像被人蒙住了眼睛，解开时发现是在陌生的环境中，周围也围满了陌生的人。

我想起几十年前，在横滨一家百货商店乘电梯时的一件事情。随着电梯的上升，由于调光装置的缘故，内部的照明会逐渐变暗。当然，你不清楚正处于哪一层楼，但是身体可以感觉到电梯是在向上升，这种模拟感受还是令人很愉快的。

和透明型电梯不同，在一般的电梯里，人们虽然可以通过箭头方向和楼层的标示来"清楚"自己在什么地方，但却是一种"感受"不到变化的"数码感受"。

人们乘坐汽车或火车，边看车窗外移动的风景，边享受移动过程的快乐。这就是人行动时自然的状态。电梯也一样，因为它是用来移动的工具和手段，应该满足同样的要求。然而，只知道移动的结果，多多少少忽略了人们的感受。

正因为是数字化时代，是不是应该重视这种可以享受"变化过程"的模拟感受呢？不仅是电梯，我们日常生活中的各种机器也一样。

只要按一下微波炉的按钮，传感器和电脑就会为我们做很多事情，虽然我们不知道里面的东西发生了怎样的变化，但依然可以做出美味佳肴。可是每天和这些机器打交道，总是强烈地感觉到似乎遗忘了什么重要的东西。它们确实给人们带来了方便，但按一下按钮，只需等待的过程真的是有趣和开心的吗？

练习Ⅰ　根据本文内容，回答下列问题。请从1、2、3、4选项中选出最恰当的一项。

问题 1	问题 2	问题 3
3	1	3

练习Ⅱ　阅读下文，回答问题。

问题 1	问题 2
1	3

第15课　要懂得二十几岁年轻人的心理

　　我已经从事了近二十年公司招聘的面试工作。从某种意义上来说，招聘方是处于强势地位的，所以我有些不安，在想自己是不是无意中曾有过不当言行。

　　有一年，有个从外地到东京的男士接受面试。他虽然话不多，但能明确表达自己的想法，人也沉着冷静。面试在较为融洽的气氛中进行着。有个面试官不经意地问了一句："找工作的事情您和父亲商量过吗？经常和父亲聊这方面的事吗？"

　　他想了一会儿，很干脆地说"不聊"。一瞬间，不知为什么，几个面试官好像都把注意力集中在这句话上。

　　这时我们多半是在想这个人是不是和父母断绝关系了，他身上是不是有造成不良人际关系的因素。这种场合我们所发挥的想象力大致就是这些吧。

　　他在思索应该如何表达自己的想法，最后还是不愿意想了。过了好长一段时间，他几乎脱口而出地说："因为我父亲话很少。"随着轻微的笑声，房间里的空气也变得舒缓了。

　　在"面试学"这样一个范围很小的研究领域中，已经有不少研究成果被发表出来。例如发现了这样一个事实，就是面试官在面试开始后大

约三分钟内就做出了录用还是淘汰的选择。

事实也表明，促使面试官做出这一决定的关键因素不是谈话内容本身，而是应聘者的相貌、着装、态度、讲话时的言谈举止、眼神、表情等非语言性信息。

也许人们在面试场合下不由自主显露出来的情感是惊人地深邃和广泛吧。

就像画家将所有可能的感性因素浓缩在一幅画作上一样，在面试中，我们将自己经验中所有的精华在短时间里毫无预兆地表现出来。一个人的脸就是一份简历，其真正含义也正在于此。

可见面试技巧这一说法没有什么意义。

练习I 根据本文内容，回答下列问题。请从1、2、3、4选项中选出最恰当的一项。

问题1	问题2	问题3
3	2	3

练习II 阅读下文，回答问题。

问题1	问题2
3	2

第16课 真正的寒暄

小时候，我听母亲和邻居大婶们说："我家孩子还不会和人打招呼。"我觉得很奇怪，她们为什么这么在乎这件事情。长大后听到人们说"那个人很会打招呼"、"那个人连打招呼都不懂"之类的话，觉得很可笑，打招呼没什么了不起的，为什么当成大事。我自认为，与见面说像天气好或不好这样大家都明白的事情相比，相互的诚意不才是更重要的吗？只要有诚意，即使默不作声也能够心灵相通。

毕业后，我当上了一所中学的老师。到了那个学校后，首先让我感到吃惊的是，那里的老师学生早晨见面时都会说"早上好"，回家时也都大声说"再见"。

在这之前，我遇到认识的人时只是默默地点一下头，对关系好的朋友也只是说声"嗨"或点点头。但是看到学生和同事相互响亮快活地打招呼，不知不觉感到打招呼也是很有意义的。不过，想要像其他人一样大声说"早上好"或"再见"，也不是件容易的事情。一直认为很简单的两句"早上好"和"再见"其实很难说出口。首先，我的发音不够响亮。即使下决心打招呼，也只是含含糊糊地说声"早上好"。而同事和学生在寒暄时声音确实洪亮清晰，让人心情舒畅。我第一次说"早上好"时，发现这句话确实也有说得好和说得不好之分。

虽然大声打招呼觉得不好意思，但在每天努力说的过程中，渐渐地，我也能声音洪亮地和人打招呼了。同时我认识到，响亮愉快的寒暄，绝不只是停留在口头上。真心实意的寒暄会体现在人的行动上，只有说出来才是真正的寒暄。

练习Ⅰ 根据本文内容，回答下列问题。请从1、2、3、4选项中选出最恰当的一项。

问题1	问题2	问题3	问题4
3	2	2	2

练习Ⅱ 阅读下文，回答问题。

问题1	问题2	问题3
3	1	3

第 17 课　谈读书

读了某本书后，心情变得复杂起来。这本书的副标题是《每天晨读十分钟的女高中生》，简单地说就是讲了这样一则事情的教育报告：某所私立女子高中让学生每天早晨课前读十分钟的书，结果发现，学生迟到的现象减少了，也开始喜欢读书了。其中还附有教师们围绕着"晨读"而进行的座谈会、毕业前全班学生的感想文等。一些教师认为读书不该是强制性的，而持有相反意见的老师则认为读书需要动机，提供最初的环境才是教育所应承担的责任，之后自己就会养成学习的习惯。

学生的感想文有这样几点：自己以前只是在便利店看漫画杂志和周刊杂志，现在能和重点学校的学生一样到书店查阅书，为此感到很骄傲，感觉自己长大了。

虽然有不尽人意的地方，但我想作为教育实践，"晨读"应该值得称赞。至少在字里行间可以看出，教师确实认真地思考过学生的情况。如果想到荒废的教育现场，这一点应该大书特书吧。因此，不要挑"晨读"这种实践教育的毛病，也不要否认读书的确是一种习惯。

关键是，读书真的是件了不起的事情吗？我之所以并不觉得喜欢读书的人就拥有高尚的人格，是因为在我认识的人当中有很多喜欢读书的人和讨厌读书的人。在这两种人中，高尚的人和令人生厌的人的比例是相同的。的确，读书对人格的形成或许起了一定作用，从结果来看或许有益，但不是绝对的。有人问，如果没有机会难道不可以不读书吗？对此，我的回答是不读书也可以，我们只不过是因为喜欢才读书。

下面的内容以前也写过，但还要再提一遍：书未必都有用。倒不如说，能从其实用性中获得坚强与独立，读书才称得上卓有成效。总而言之，书是人们信仰的有益的文字，但相反在现实中，人们的遐想好像会脱离书的束缚，这种幻想本身不就是"脱离文字"的现象吗。

练习Ⅰ 根据本文内容，回答下列问题。请从1、2、3、4选项中选出最恰当的一项。

问题1	问题2	问题3
2	2	1

练习Ⅱ 阅读下文，回答问题。

问题1	问题2	问题3
2	3	2

第18课　志愿者　另一个信息社会

　　志愿者所从事的工作，并不是按照一定的规则，将决定好的事情交给决定好的人来做。因此，在行动的过程中，他们会不断地和无法预料的各种各样的人打交道。实际上，在发起志愿者行动的时候，大多情况都是请求各类人进行协助。在这个过程中，有人会抱怨说"麻烦难搞的事情不要拜托我"，也有人对此很感兴趣，有时还会碰到本来没有拜托给他却意想不到很热心的人。

　　正是这些很感兴趣和意想不到很热心的人响应了你。因此你要抓住这个时机，说句感谢的话，好好表达一下自己的心情，这样才能与这些人建立起联系。因为志愿者是以彼此相系的过程为目标的，过程中的对方未必是从一开始就定好的某个特定的人。

　　来讲个我个人的体验吧。我在美国生活过十年多，有一次，住的公寓在半夜发生大火，被烧毁了。幸运的是，没有人受伤。我和数十个家庭的人们，就像报道中写的一样，只剩下身上穿的一套衣服，被大火烧得无家可归。

　　在公寓旁的餐馆里，那时不知什么时候设立了临时避难所。有几个人帮大家倒咖啡，和我们说话。此外，还给我们住宿券，用车送大家到酒店。看到自己住的房子被大火烧尽，会是多么不安和胆怯啊。这种时

候,哪怕是一杯咖啡、几句宽慰,所提供的帮助都远比想象要多得多。

着火时,因为惊惶失措而乱了手脚,所以没有留意到,现在想来,大半夜能快速赶来、给我们提供各种帮助和照顾的人,一定是那些志愿者。

如今再去寻找那些人、说些感谢的话,可能已经没有什么意义了吧。他们也应该没有期待这些吧。然而作为回报,我现在做一些接待在口外国人的咨询谈话工作。这些得到帮助的人,如果将来在日本或在他们的祖国,能为他人提供帮助的话,那么世界规模的志愿者体系便会由此建立。

练习Ⅰ 根据本文内容,回答下列问题。请从1、2、3、4选项中选出最恰当的一项。

问题1	问题2	问题3
4	1	2

练习Ⅱ 阅读下文,回答问题。

问题1	问题2	问题3
1	2	2

第19课　行为举止上的日本文化

年岁稍长,有时会突然惊觉自己的举止表情竟同父亲异常相似。有时是旁人指出后才注意到,连自己都会为之一惊。想必大家都曾有过类似经历吧。

年轻的时候尽量想与别人不同。那时候做同父亲(把父亲称作"别人"很奇怪)相反的事情,采取不同的态度,以求彰显自我的卓越性和独创性的人并不少见。然而,这些人到了父亲的年纪,也会突然意识到自己与父亲的相似之处。这种相似性并非表现在工作、成就等大事上,而是在日常生活的行为举止等细节中屡见不鲜。

这是怎么一回事呢?

一个人的性格是由遗传决定的，还是由心理学家所说的"早期家庭教育"（幼年期的家庭环境）决定的呢？有句谚语说"教育胜于门第"，但似乎遗传和"早期家庭教育"均影响着性格的形成。

　　如面貌、体形等能够鲜明表现性格的部分及其深层的部分，大多由遗传决定。但一些外在的行为举止大多由家庭的早期教育所决定。我们在不知不觉中耳濡目染父母无意中的言行举止，它深入我们的心底，塑造了我们的性格，界定了体现我们性格的言行。由于这一切几乎是在潜意识中形成的，所以特别是在自我意识强烈的年少时期，我们有意识地控制压抑了这一切。可是年岁稍长，潜意识就会活跃地表现出来，如前文所述，其表现令人吃惊，也让人认同。

　　人无法逃避所谓的成长环境，同样，在某国文化中成长则会拥有该国的"潜意识"，并且难以摒弃这种"潜意识"。倘若将其称作"文化中孕育的言行举止部分"的话，这一部分同个人成长环境相同，都是在模仿中形成的。

　　如同孩子在成长过程中模仿母亲的行为一样，特定的文化也是由这种文化的肩负者们互相模仿而得以传承的。模仿生活方式、个性、语言相当容易，因为这些大多属于意识部分。

　　与此相反，模仿行为举止则绝非易事。因为行为举止大多属于潜意识层面部分。正因如此，可以说后者难以改变，是永久性的。

练习Ⅰ　根据本文内容，回答下列问题。请从1、2、3、4选项中选出最恰当的一项。

问题1	问题2	问题3	问题4
2	4	4	4

练习Ⅱ　阅读下文，回答问题。

问题1	问题2	问题3	问题4
3	4	2	3

第20课 不可取代的事情

不知何故,每一个人都讨厌生老病死,并尽量不去想它。如果说人们因此会采取一些特别的做法的话,我们可以举这样一个例子:因为一个人的出生是一件特别的事情,所以就被要求去医院生产。因此,现在,几乎都是在医院分娩的。

在城市,生老病死的最后一步——死亡,也有90%,甚至99%的人都是在医院完成的。我的母亲于1995年3月在自己家中逝世,她是在不知不觉中离开人世的。但是,大部分人都将在医院死去。像这样,死亡地点转移到医院,是近25年以来的趋势,这种趋势发展很迅速。而以前有半数以上的人是在自己家中去世的。

那么,在自己家中去世和在医院去世,其差异在哪里呢?这意味着,在我们普通的日常生活中,死亡已经消失了。所以,死亡成为一件特别的事情,而特别的事情则必然要在特别的地方发生。

认真想来,这样的现代社会是极其异常的。生老病死,是人类正常的状态,是延续了数千数万年、没有任何不合理之处的事情。它的存在比城市、比文明、比任何东西都更早。所以,我称它为"自然"。人的一生,不管是否愿意,都会随着时节变换而变化。我想,这就是自然的形态。可是现在,自然,也就是原本的形态,反而成为异常了。

在这里,我将试举一个典型例子,看人们是如何不珍惜无可替代的未来的。我在1995年3月从东京大学辞职了。正式决定辞职是在1994年9月的教授会上。教授会之后,有医院的同事来问我:"教授,从4月份开始您要做什么?听说您要在3月份时辞职?"

"是的,辞职。"

"那从4月份开始您要做什么?"

这个问题是要问我工作怎么办。我回答说:"我从学生时代开始就一直没离开过东大医学部,我也不知道辞职之后自己会是何种心情,辞

职之后的事情辞职之后再考虑。"

于是，这位同事毫不客气地说："您对这种事都不着急啊！"

听到同事这样说，我忍不住反驳道："教授，您应该也会因为某种疾病在某一时刻离世，那请您告诉我，您会在何时因何种疾病离世呢？"

同事回答道："这种事情怎么可能会知道呢！"

于是我说："那您还真是不着急呢！"

在这里，我们清楚地知道了一件事。尤其是东大的医生，因为在大学医院经常会有患者去世，所以，人的死亡切切实实地存在于他们的工作当中。可是，这些医生对自己的死亡却没有任何的现实感觉。与自己因病离世相比，他们认为是否辞职这件事才是更重要的。

练习I 根据本文内容，回答下列问题。请从1、2、3、4选项中选出最恰当的一项。

问题1	问题2	问题3
3	4	3

练习II 阅读下文，回答问题。

问题1	问题2	问题3	问题4
2	4	2	3

単語リスト------------

あ

単語	ページ
相手（あいて）③	18
青緑（あおみどり）③	9
明け暮れ（あけくれ）②⓪	9
嘲笑う（あざわらう）④	2
与える（あたえる）⓪	1
あたかも①	11
扱い（あつかい）⓪	4
アツギ（厚木）⓪	2
厚着（あつぎ）⓪	2
圧迫（あっぱく）⓪	7
当て（あて）⓪	10
当てはまる（あてはまる）④	7
後片付け（あとかたづけ）③	8
アナログ⓪	14
浴びる（あびる）⓪	2
怪しい（あやしい）⓪③	12
あやふや⓪	16
案外（あんがい）⓪①	3

い

言い返す（いいかえす）③	20
生き生き（いきいき）③	10
生き甲斐（いきがい）⓪③	3
息づく（いきづく）③	10
いきなり⓪	20
生きる（いきる）②	8
些か（いささか）⓪②	4
医師（いし）①	7
意志（いし）①	13
意識（いしき）①	5
いずれ⓪	12
一団（いちだん）⓪②	9
一抹（いちまつ）⓪	15
一挙一動（いっきょいちどう）⓪	1
一瞬（いっしゅん）⓪	6
一層（いっそう）⓪	4
いつの間にか（いつのまにか）	20
遺伝子（いでんし）②	6
移動（いどう）⓪	14
挑む（いどむ）②	2
嫌がる（いやがる）③	20
依頼（いらい）⓪	13
いわば①⓪	19

う

憂さ（うさ）①	3

後ろめたい（うしろめたい）⑤　　　11
薄膜（うすまく）⓪　　　　　　　6
薄ら（うっすら）③　　　　　　　4
映る（うつる）②　　　　　　　　10
腕時計（うでどけい）③　　　　　9
裏（うら）②　　　　　　　　　　13
上回る（うわまわる）④　　　　　12

え

エキス①　　　　　　　　　　　　15
エゴイスト③　　　　　　　　　　5
縁（えん）①　　　　　　　　　　4
遠足（えんそく）⓪　　　　　　　8

お

老い（おい）⓪②　　　　　　　　7
追い詰める（おいつめる）④　　　12
老いる（おいる）②　　　　　　　1
追う（おう）⓪　　　　　　　　　8
黄金（おうごん）⓪　　　　　　　2
応じる（おうじる）⓪③　　　　　11
応接間（おうせつま）⓪　　　　　9
おおむね⓪　　　　　　　　　　　19
奥深い（おくぶかい）④　　　　　19
各々（おのおの）②　　　　　　　10
沖縄（おきなわ）⓪　　　　　　　7
幼い（おさない）③　　　　　　　1
お産（おさん）⓪　　　　　　　　20

押し付ける（おしつける）④	13
恐らく（おそらく）②	12
オゾン①	6
落ち込む（おちこむ）⓪③	12
大人（おとな）⓪	3
驚く（おどろく）③	19
覚える（おぼえる）③	4
お守り（おまもり）⓪	12
思い返す（おもいかえす）④	6
思い切る（おもいきる）④	16
思い悩む（おもいなやむ）⓪⑤	13
思いやる（おもいやる）④⓪	5
表（おもて）③	13
思わず（おもわず）②	20

か

解釈（かいしゃく）①	2
快晴（かいせい）⓪	5
回転（かいてん）⓪	8
垣間見る（かいまみる）④	1
顔形（かおかたち）⓪③	15
顔立ち（かおだち）⓪	19
顔を合わせる（かおをあわせる）⓪＋③	16
顔を出す（かおをだす）⓪＋①	7
画家（がか）⓪	15
関わる（かかわる）⓪③	18
限る（かぎる）②	8
画一化（かくいつか）⓪	10

確信（かくしん）⓪	5
獲得（かくとく）⓪	2
かけがえ⓪	20
囲む（かこむ）⓪	9
過小（かしょう）⓪	9
華燭の典（かしょくのてん）⓪＋①	9
微か（かすか）①	15
過多（かた）①	8
肩の荷の軽さ（かたのにのかるさ）①＋⓪＋⓪	11
固まる（かたまる）⓪	15
勝つ（かつ）①	3
カット①	6
活発（かっぱつ）⓪	19
かといって①	8
神（かみ）①	12
過労（かろう）⓪	7
感覚（かんかく）⓪	9
環境（かんきょう）⓪	3
頑固（がんこ）①	5
干渉（かんしょう）⓪	8
寒色（かんしょく）⓪	9
関心（かんしん）⓪	3
感想文（かんそうぶん）⓪	17

き

奇異（きい）①	10
規格（きかく）⓪	10
気がつく（きがつく）①＋①	18

気が向く（きがむく）⓪＋⓪	11
気軽（きがる）⓪	13
危機（きき）①②	6
機器（きき）①②	14
聞き流す（ききながす）④	13
効き目（ききめ）⓪	12
傷つく（きずつく）③	6
期する（きする）②	15
毅然（きぜん）⓪	7
規則（きそく）②	18
北九州（きたきゅうしゅう）③	7
きちんと③	20
きっぱり③	15
気にする（きにする）⓪	16
気になる（きになる）③	7
着の身着のまま（きのみきのまま）②＋⓪	18
規模（きぼ）①	18
きまりが悪い（きまりがわるい）⓪＋②	16
決まり切った（きまりきった）④	9
決め込む（きめこむ）③	16
疑問（ぎもん）⓪	7
客足（きゃくあし）⓪	9
逆用（ぎゃくよう）⓪	9
給食（きゅうしょく）⓪	8
行間（ぎょうかん）⓪	17
凝縮（ぎょうしゅく）⓪	15
強制（きょうせい）⓪	17
業績（ぎょうせき）⓪	19

競争（きょうそう）⓪	3
強烈（きょうれつ）⓪	6
虚弱（きょじゃく）⓪	7
気楽（きらく）⓪	5
際立つ（きわだつ）③	19
近所（きんじょ）①	16
近年（きんねん）①	4

く

具体的（ぐたいてき）⓪	13
愚痴（ぐち）⓪	3
口先（くちさき）⓪	16
愚痴っぽい（ぐちっぽい）④	7
くっつける④	1
首（くび）⓪	1
繰り返す（くりかえす）⓪③	4
クリスチャン②	1
ぐるぐる①	6
苦しむ（くるしむ）③	7
暮れ（くれ）⓪	7

け

経過（けいか）⓪	9
稽古事（けいこごと）③	8
汚れ（けがれ）⓪	6
気高い（けだかい）③	11
ケチをつける①＋②	17
血液（けつえき）②	11

結構（けっこう）①	18
決定（けってい）⓪	9
健気（けなげ）⓪①	11
嫌悪（けんお）①	3
献血（けんけつ）⓪	11
幻想（げんそう）⓪	17
言動（げんどう）⓪	15
現場（げんば）⓪	8
幻滅（げんめつ）⓪	3

こ

後遺症（こういしょう）③	4
幸運グッズ（こううんグッズ）⓪+①	12
光景（こうけい）⓪	8
恒常（こうじょう）⓪	19
校長（こうちょう）⓪	4
高度成長（こうどせいちょう）④	8
荒廃（こうはい）⓪	17
好不調（こうふちょう）⓪	12
興奮（こうふん）⓪	14
呼応（こおう）⓪	18
誤解（ごかい）⓪	12
心地よい（ここちよい）④	11
志（こころざし）⓪	13
心細い（こころぼそい）⑤	18
込める（こめる）②	7
昆虫（こんちゅう）⓪	8
コンビニ⓪	17

根本的（こんぽんてき）⓪　　　　　　　3

さ

財（ざい）①　　　　　　　　　　　　7
歳月（さいげつ）①　　　　　　　　　1
最適（さいてき）⓪　　　　　　　　　9
採用（さいよう）⓪　　　　　　　　　15
幸い（さいわい）⓪　　　　　　　　　18
賢しら（さかしら）⓪　　　　　　　　2
作業（さぎょう）①　　　　　　　　　9
些細（ささい）①　　　　　　　　　　19
刺す（さす）①　　　　　　　　　　　11
察する（さっする）⓪③　　　　　　　10
雑多（ざった）⓪　　　　　　　　　　10
雑談（ざつだん）⓪　　　　　　　　　4
最中（さなか）①　　　　　　　　　　2
曝す（さらす）⓪　　　　　　　　　　6
サラリーマン③　　　　　　　　　　　3
散々（さんざん）①　　　　　　　　　12
酸素（さんそ）①　　　　　　　　　　6
サンタクロース⑤　　　　　　　　　　1

し

思案（しあん）①　　　　　　　　　　13
シースルー④　　　　　　　　　　　　14
紫外線（しがいせん）⓪　　　　　　　6
仕掛ける（しかける）③　　　　　　　8
色彩（しきさい）⓪　　　　　　　　　9

敷物（しきもの）⓪	9
頻りに（しきりに）⓪	2
自給自足（じきゅうじそく）⓪④	7
しぐさ①	19
資質（ししつ）⓪	10
従う（したがう）⓪	5
したがって⓪⑤	17
下生え（したばえ）⓪	10
下回る（したまわる）③④	12
舌を巻く（したをまく）②＋⓪	4
指摘（してき）⓪	19
仕付け（しつけ）⓪	4
実験（じっけん）⓪	9
実行（じっこう）⓪	6
実際（じっさい）⓪	7
児童（じどう）①	4
支配（しはい）①	15
しばしば①	19
自慢（じまん）⓪	7
しゃっきり③	7
ジャンル①	15
宗教（しゅうきょう）①	12
終業（しゅうぎょう）⓪	9
充実（じゅうじつ）⓪	8
住処（じゅうしょ）①	10
集団（しゅうだん）⓪	8
じゅうたん②	9
集中（しゅうちゅう）⓪	15

修復（しゅうふく）⓪	6
塾（じゅく）①	8
宿泊券（しゅくはくけん）④	18
種々（しゅじゅ）①	10
主たる（しゅたる）②	3
呪文（じゅもん）⓪	13
樹林（じゅりん）⓪	10
循環（じゅんかん）⓪	6
純林（じゅんりん）⓪	10
浄化（じょうか）①⓪	6
上京（じょうきょう）⓪	15
衝撃（しょうげき）⓪	1
少子化（しょうしか）③	8
正体（しょうたい）①	7
情報（じょうほう）⓪	8
証明（しょうめい）⓪	12
照明（しょうめい）⓪	14
消滅（しょうめつ）⓪	1
昭和（しょうわ）⓪	8
ショック①	3
しょっちゅう①	20
書物（しょもつ）①	2
自立（じりつ）⓪	8
真紅（しんく）①	9
神経（しんけい）①	7
人工的（じんこうてき）⓪	8
信仰（しんこう）⓪	17
真実（しんじつ）①	16

心身（しんしん）①④	7
心像（しんぞう）⓪	15
腎臓病（じんぞうびょう）⓪	11
親族（しんぞく）①⓪	9
新入生（しんにゅうせい）②	4
新婦（しんぷ）①	9
心理的（しんりてき）⓪	9
新郎（しんろう）⓪	9

す

随分（ずいぶん）①	1
姿（すがた）①	3
すがる⓪②	12
スギ②	10
好き嫌い（すききらい）③	20
救う（すくう）⓪	11
少なくとも（すくなくとも）③	11
過ごす（すごす）②	8
進む（すすむ）⓪	8
隅隅（すみずみ）②	2
スミレ⓪③	10
棲む（すむ）①	10
据わる（すわる）⓪	15

せ

所為（せい）①	7
誠意（せいい）①	16
精一杯（せいいっぱい）③	10

正視（せいし）⓪①	4
誠実（せいじつ）⓪	13
整然（せいぜん）⓪	10
成層圏（せいそうけん）③	6
背負（せおう）②	4
脊髄（せきずい）②	7
責任（せきにん）⓪	13
然（ぜん）⓪	4
センサー①	14
全盛期（ぜんせいき）④	4
全焼（ぜんしょう）⓪	18

そ

層（そう）①	6
雑木林（ぞうきばやし）⓪	10
相似（そうじ）⓪	19
想像力（そうぞうりょく）③	15
卒業（そつぎょう）⓪	4
そろそろ①	4
備える（そなえる）③	9
尊重（そんちょう）⓪	13

た

対決（たいけつ）⓪	2
退治（たいじ）⓪	10
大した（たいした）①	16
体質（たいしつ）⓪	7
橙色（だいだいいろ）⓪	9

ダイナミック④	10
タイミング⓪	18
大木（だいぼく）⓪	10
耐える（たえる）②	11
妥協（だきょう）⓪	5
類（たぐい）①②③	7
だしぬけ④	4
他社（たしゃ）①	3
尋ねる（たずねる）③	1
脱する（だっする）⓪③	12
谷（たに）②	12
種（たね）①	5
黙る（だまる）②	16
ため息（ためいき）⓪	3
たやすい③	19
単位（たんい）①	8
短縮（たんしゅく）⓪	3
断絶（だんぜつ）⓪	15
だんだん⓪	16
単調（たんちょう）⓪	9
単に（たんに）⓪	12

ち

知人（ちじん）⓪	13
秩序（ちつじょ）①②	2
血眼（ちまなこ）⓪	5
注射針（ちゅうしゃばり）⓪	11
躊躇（ちゅうちょ）①	11

調光機構（ちょうこうきこう）⑤	14
調査（ちょうさ）①	7
調和（ちょうわ）⓪	10
直接（ちょくせつ）⓪	7
直観（ちょっかん）⓪	4

つ

つい①	7
通常（つうじょう）⓪	12
捕まえる（つかまえる）⓪	18
つぎつぎ⓪	18
作り上げる（つくりあげる）⑤	8
～づけ	17
伝える（つたえる）⓪	18
包む（つつむ）②	18
呟く（つぶやく）③	11
罪滅ぼし（つみほろぼし）③	11
釣られる（つられる）④⓪	4

て

出会う（であう）②⓪	10
提供する（ていきょうする）⓪	11
適する（てきする）③	9
的中（てきちゅう）⓪	4
てきぱき①	9
デジタル①	14
鉄道（てつどう）⓪	14
釣り込む（つりこむ）③	2

転嫁（てんか）①	13
天気図（てんきず）③	5

と

当然（とうぜん）⓪	3
堂々と（どうどうと）⓪	11
当番（とうばん）①	5
同僚（どうりょう）⓪	16
当惑（とうわく）⓪	2
通す（とおす）①	8
通り過ぎる（とおりすぎる）⑤	11
渡嘉敷（とかしき）⓪	7
特異性（とくいせい）⓪	19
独創（どくそう）⓪	10
読書（どくしょ）①	17
独創性（どくそうせい）⓪	19
異なる（ことなる）③	19
特筆（とくひつ）⓪	17
遂げる（とげる）③②	6
閉じ込める（とじこめる）④	8
年月（としつき）②	6
年寄り（としより）④③	7
どしゃ降り（どしゃぶり）⓪	5
年寄り（としより）④③	2
年を取る（としをとる）②＋①	7
整える（ととのえる）④	10
取り囲む（とりかこむ）⓪④	14
取り巻く（とりまく）③	8

な

ないがしろ ⓪	14
半ば（なかば）③②	8
仲良く（なかよく）②	5
嘆く（なげく）②	7
和やか（なごやか）②	15
何食わぬ顔（なにくわぬかお）④	11
何気ない（なにげない）④	15
生身（なまみ）②⓪	11
成り行く（なりゆく）⓪③	1
なるだけ ⓪	19

に

担う（になう）②	19

ぬ

抜く（ぬく）⓪	11

ね

ネットワーク ④	18
年代（ねんだい）⓪	8

の

能（のう）①②	5
ノウハウ ①	15
農薬（のうやく）⓪	10
逃れる（のがれる）③	19

望ましい（のぞましい）④	7
望む（のぞむ）⓪	10

は

場（ば）⓪	3
背景（はいけい）⓪	9
背後（はいご）①	4
排除（はいじょ）①	10
灰谷（はいたに）⓪	7
廃熱（はいねつ）⓪	6
廃物（はいぶつ）⓪	6
育む（はぐくむ）③	8
はしたない④	7
初めて（はじめて）②	16
恥じる（はじる）②	7
はずす⓪	14
外れる（はずれる）⓪	4
畑（はたけ）⓪	7
発揮（はっき）⓪	12
発生（はっせい）⓪	8
発動（はつどう）⓪	15
話しかける（はなしかける）⑤	2
鼻にかける（はなにかける）⓪+②	7
嵌めこむ（はめこむ）③	10
春先（はるさき）⓪③④	4
範囲（はんい）①	13
万人（ばんにん）⓪③	19
反論（はんろん）⓪	5

ひ

比較的（ひかくてき）⓪	15
日が暮れる（ひがくれる）⓪	14
ピカピカ ②①⓪	4
日差し（ひざし）⓪	2
ひたすら ⓪	2
必死（ひっし）⓪	2
引っ張る（ひっぱる）③	3
必要（ひつよう）⓪	3
ヒノキ ③	10
響き（ひびき）③	2
評価（ひょうか）①	9
表明（ひょうめい）⓪	19
ひょっと ⓪	4
秘密（ひみつ）⓪	9
秘める（ひめる）②	9
ヒント ①	14

ふ

不安（ふあん）⓪	15
風景（ふうけい）①	14
複雑（ふくざつ）⓪	17
不思議（ふしぎ）⓪	12
ふと ⓪①	19
仏教（ぶっきょう）①	5
ぶらさげる ⓪	12
振り翳す（ふりかざす）⓪	2

振る（ふる）⓪	1
振る舞い（ふるまい）③	19
無礼（ぶれい）①②	13
プロセス②	14
フロンガス④	6
分布（ぶんぷ）⓪①	6
分離（ぶんり）⓪	3

へ

平均点（へいきんてん）③	12
別冊（べっさつ）⓪	8
経る（へる）①	8
返事（へんじ）⓪	2

ほ

放棄（ほうき）⓪①	13
冒険（ぼうけん）⓪	10
某氏（ぼうし）①	13
放射能（ほうしゃのう）③	6
母国（ぼこく）①	18
誇らしい（ほこらしい）④	17
誇る（ほこる）②	7
ぽつんと②	15
仏（ほとけ）⓪	5
微笑む（ほほえむ）③	2
ボランティア②	11
本年（ほんねん）①	13

ま

負ける（まける）⓪	3
正に（まさに）①	5
真っ赤（まっか）③	9
まんだら⓪	3

み

見える（みえる）②	7
見事（みごと）①	4
見知らぬ（みしらぬ）⓪	11
見据える（みすえる）③	4
自ら（みずから）①	2
見立て（みたて）⓪	4
身近（みぢか）⓪	8
身振り（みぶり）①	19
耳にする（みみにする）②+⓪	7
見破る（みやぶる）⓪③	4
身を任せる（みをまかせる）⓪+③	11

む

無口（むくち）①	15
虫がいい（むしがいい）④	13
群れる（むれる）②	8

め

明示（めいじ）⓪①	13
目隠し（めかくし）②	14

目指す（めざす）②	18
目つき（めつき）①	15
目にする（めにする）①+⓪	18
面倒臭い（めんどうくさい）⑤	18

も

設ける（もうける）③	18
踠く（もがく）②	2
物ぐさ（ものぐさ）⓪	11
物腰（ものごし）⓪②	7
物事（ものごと）②	7
ものづくり③	14
もはや①	8
模倣（もほう）⓪	19
燃やす（もやす）⓪	5
文句（もんく）①	18
文句なし（もんくなし）①+①	11

や

役立つ（やくだつ）③	17
焼け落ちる（やけおちる）④	18
焼けだされる（やけだされる）⑤	18
やって来る（やってくる）④	4

ゆ

縁り（ゆかり）⓪	4
ゆきずり⓪	4
輸血（ゆけつ）⓪	11

ゆったり ③	9
ゆとり ⓪	3

よ

要因（よういん）⓪	8
要求（ようきゅう）⓪	13
要するに（ようするに）③	17
要請（ようせい）⓪	18
要素（ようそ）①	15
幼稚園（ようちえん）③	4
幼年（ようねん）⓪	1
予期（よき）①⓪	18
抑圧（よくあつ）⓪	19
翌日（よくじつ）⓪	5
よくよく ⓪	20
予言（よげん）⓪	12
横（よこ）⓪	3
よこす ②	13
夜中（よなか）③	18
よほど ⓪	20
余裕（よゆう）⓪	5
寄りかかる（よりかかる）④	19

ら

ランドセル ④	4

り

陸上（りくじょう）⓪	6

良心（りょうしん）①　　　　　　　　11

る

ルール①　　　　　　　　　　　　　8

れ

連発（れんぱつ）⓪　　　　　　　　13

ろ

露出（ろしゅつ）⓪　　　　　　　　15

わ

分かりきった（わかりきった）⓪　　16
渡す（わたす）⓪　　　　　　　　　18
笑い飛ばす（わらいとばす）⑤　　　5
笑い話（わらいばなし）④　　　　　5
我ながら（われながら）⑤③　　　　19

文型リスト------------

あ

～間	1
～あぐねる	15

い

～以上	8

う

～うえで	8
～うちに	2
～う（よう）とする	2

お

～おきに	11
おそらく	12

か

～かぎり	13
～がたい	1
～かというと	20

～かねる	13
～かもしれない	4
～からこそ	1

き

～気がする	1

け

～決して～ない	16

こ

～こそ	17

す

～ずして	15
～ずに	9

た

～たがる	3
たとえ～ても	12
～たところ	9
～たり	4
単に	12

つ

～っぽい	7

て

～ていく	6
～てくる	6
～てならない	14
～てはならない	2
～ではないか	6

と

～といった	19
～と共に	1

な

～ないでもない	3
なかなか～ない	16
～なければならない	2
～なしに	11
～なぜかというと	15
～なり	13
～なんか	3

に

～において（は）	5
～にしたがって	18
～にしてからが	19
～にすぎない	6
～にもかかわらず	14
～に関して	5

～にちがいない	13
～につれて	14

の

～のは～からだ	17

は

～はずだ	3
～は別として	14

へ

～べきだ	5

ほ

～ほど～ない	3

ま

～まい	4

み

～見える	7

も

～ものだ	2
～ものだから	2

や

～やらなにやら	7

よ

～よう	10
～ようだ	1
～ようと（も）	11
～ようと～まいと	12

わ

～わけだ	2
～わけにはいかない	9
～わりに（は）	9

を

～を通して	8